거대한 뿌리
박정희 노스탤지어

강우진_경북대학교 사회과학대학 정치외교학과 교수

현재 경북대학교 정치외교학과 교수로 재직하고 있다. 고려대학교 정치외교학과와 동대학원(석사)을 졸업하고 미국 플로리다 주립대학에서 정치학 박사를 취득했다. 단독 저서로는 『한국 민주주의 역설-제도신뢰 결손』(2021, 경북대학교 출판부, 2022년 세종도서 학술부문 우수도서), 『박정희 노스탤지어와 한국 민주주의』(2019, 고려대학교 아세아문제 연구원 출판부, 2020년 한국정당학회 학술상 수상)가 있다. 지난 10여 년간 주로 한국 민주주의 수행력과 선거 정치에 대한 연구를 진행했다. 최근 관심으로는 한국 민주주의가 대표하지 않는 사람들에 대한 분석과 한국 민주주의의가 보통 사람들의 삶을 개선하는데 기여할 수 있는 제도적 대안을 모색하는데 있다.

경북대학교 인문교양총서 53

거대한 뿌리: 박정희 노스탤지어

초판 1쇄 인쇄	2022년 12월 7일
초판 1쇄 발행	2022년 12월 23일

지은이	강우진
기 획	경북대학교 인문대학
펴낸이	이대현
편 집	이태곤 권분옥 임애정 강윤경
디자인	안혜진 최선주 이경진
마케팅	박태훈 안현진

펴낸곳	도서출판 역락
출판등록	1999년 4월 19일 제303-2002-000014호
주소	서울시 서초구 동광로 46길 6-6 문창빌딩 2층 (우06589)
전화	02-3409-2060
팩스	02-3409-2059
홈페이지	www.youkrackbooks.com
이메일	youkrack@hanmail.net

ISBN 979-11-6742-400-6 04300
  978-89-5556-896-7(세트)

*정가는 뒤표지에 있습니다.
*잘못된 책은 바꿔 드립니다.

이 책은 2021년 정부재원(경북대학 국립대학육성사업)으로 한국연구재단의 지원을 받아 제작되었습니다.

거대한 뿌리
—박정희 노스탤지어

강우진 지음

경북대학교 인문교양총서

053

역락

나는 아직도 앉는 법을 모른다.

김수영 시詩 <거대한 뿌리> 중

'앉는 법'을 알기 위하여

고대 그리스의 철학자 아리스토텔레스는 『시학』에서 역사가 특수한 것을 표현하는데 비해 시는 보편적인 것을 표현하기 때문에 역사보다 더 정교하고 철학적[01]인 것이 시(詩)라고 하였다. 책의 제목으로 차용한 김수영 시인의 시 <거대한 뿌리>는 역사의 특수성 속에서도 보편적 가치를 끌어낸다. 일제강점기와 광복, 한국전쟁과 1·4후퇴, 4·19와 5·16을 경험한 시인의 삶 자체가 우리의 근현대사다. 5·16에 좌절했던 모더니스트 시인은 "나는 아직도 앉는 법을 모른다"[02]로 시작되는 이 시에서 "남쪽식"과 "이북 친구들"의 앉는 자세가 달라 상황 따라 앉는 자세를 바꿔야 하는 현실에 빗대어 한국 민주주의의 현주소를 일깨웠다. 박정희 주도의 군사 쿠데타 발발 3년 뒤인 1964년에 쓴 이 시는 역사적 특수성을 모른 채 서구의 시선으로 조선을 희망이 없다고 본 이사벨 버드 비숍의 『조선과 그 이웃 나라들』을 인용하면서 "나는 이 자벨 버드 비숍 여사와 연애하고 있다"라고 한다. "전통은 아무리 더러운 전통이라도 좋다"면서 "이 우울한 시대를 파라다이스처럼 생각한다"는 시적 화자는 "버드 비숍 여사를 안 뒤부터는 썩어빠진 대한민국이/ 괴롭지 않다 오히려 황송하다 역사는 아무리/ 더러운 역사라도 좋다/ 진창은 아무리 더러운 진창이라도 좋다"고까지 한다. 서구의 관점을 우리 현실에 그대로 이식할 수는 없다는 통찰의 진수를 보여준다.

한국 민주주의는 1987년 6월 시민항쟁을 통해 민주화로 이행한 이후 어느덧 한 세대를 넘어섰다. 비교의 관점에서 평가할 때 제3의 물결을 통해 민주화를 이룩한 나라 중에서도 성공한 소수 사례다. 공정하고 경쟁적이며 주기적인 선거를 통한 권력 교체를 의미하는 최소 정의적 수준의 민주주의(또는 선거체제)는 민주화 이후 안정적으로 제도화되었다. 한국 민주주의가 안정적으로 제도화되면서 한 세대가 흐르는 동안에도 시민들은 저항의 역동성을 유지하면서 제도 정치권의 병목현상마다 2016-17년의 촛불항쟁 처럼 한국 민주주의의 결정적 국면을 만들었다. 박정희 노스텔지어는 이러한 한국 민주주의의 특성 한가운데 자리한다.

박정희의 딸 박근혜 전 대통령이 촛불항쟁을 통해 탄핵되고 구속되었던 상황에서도 제20대 대선 유력후보들은 어김없이 박정희 전 대통령의 생가부터 찾았다. 그동안 우리 사회에서 박정희 전 대통령에 대한 평가는 민주주의를 왜곡시킨 독재자와 반신반인(半神半人) 영웅으로 추앙받는 양극단에 있었다. 관련한 다양한 연구 또한 "신화"나 "신드롬"이라는 평가 속에 머물렀다. 이런 상황임에도 박정희에 대한 정치적 호명은 사후 43년이 지났음에도 여전하다. 이렇게 지속되는 현상이 비단 보수 우익만의 것일까?

　세대를 넘어 지속되는 현실은 일부 지지자의 퇴행적 신격화로 치부한다고 폄하될 일이 아니다. 박정희를 둘러싼 인식과 평가, 지지와 배척의 간극 속에서도 박정희 노스탤지어는 한국 민주주의에 뚜렷한 함의를 지니는 포괄적 현상임이 여러 조사를 통해 확인된다. 한국 민주주의의 작용과 반작용 속에 여전한 '박정희'는 막연한 회고적 지지나 지속적 선호만으로는 설명하기 어려운 다층적 현상이다. 이렇게 다층적으로 지속되는 현상을 '박정희 노스탤지어(Park Chung Hee Nostalgia)'라 명명(命名)한 이유다.

　역사적 전환기를 맞이하고 있는 한국의 미래에 중요한 변곡점이 될 수 있는 제20대 대통령선거 캠페인 중에서 낯설지 않은 장면이 반복되었다. 민주정부 4기를 다짐한 자칭 촛불 정부의 대통령 후보는 박정희를 호명했다. 2021년 11월 2일 대한민국 대전환 '제20대 대통령선거 선거대책위원회' 출범식에서 이재명 대선 후보는 '제1호 공약은 성장의 회복'이라고 선언했다. 그는 박정희 대통령이 경부고속도로를 만들어 제조업 중심의 산업화의 길을 열었다면서 이재명 정부는 새로운 미래를 열어나갈 에너지 고속도로를 깔겠다고 박정희를 불러냈다. 더구나 그는 11일 관훈 클럽 토론에서 박정희 전대통령은 산업화라는 큰 성과를 만들었으며 당시로서는 불균형 성장은 불가피했다고까지 했다(파이낸셜 뉴스 2021/11/10).

이 이야기만 들으면 보수 정당의 후보인지 민주정부 4기를 이끌어 가겠다는 후보인지 헷갈린다. 이 후보가 내세운 차기 정부의 국정목표를 살펴보자. 이 후보는 2022년 신년 기자회견에서 '국력 세계 5위, 국민소득 5만 달러, 코스피 5000 시대'를 목표로 제시했다. 일각에서는 이명박 전 대통령의 747공약(국내 경제성장률 7%, 국민소득 4만달러, 세계 7위 권 선진국 달성)이 연상된다는 문제 제기가 있었다(프레시안 2022/01/04). 이재명 후보의 공약은 원래 기회 총량을 늘리기 위한 공정·전환 성장을 내세웠으나 양적인 의미의 555 공약으로 구체화하였다. 촛불 정부를 자임했던 문재인 대통령도 후보시절 '국민 성장'을 내세웠다. 새로운 대한민국을 말하는 이른바 민주정부의 후보들 조차도 한국 사회에서 헤게모니를 가지고 있는 박정희 식 양적 성장의 그늘에서 벗어나지 못했다. 공정과 전환을 말하지만 어떻게 공정한 전환을 이룰 것인지 구체적인 대답을 들을 수 없다. 무엇을 위한 어떤 성장인지 말하지 않고 여전히 더 많은 성장을 말한다. 이러한 현상이 박정희 노스탤지어의 중요한 유산인 (양적인) 경제성장우선주의의 영향력을 잘 나타낸다

한국 민주주의 제도화 과정에서 광범위하게 확산되어 공동체 속에 다양한 모습으로 깊숙이 자리한 박정희 노스탤지어는 정밀한 이해와 객관적 해석을 요구한다. 추종자들에게 '박정희'는 한 민족을 가난에서 구원한 불세출의 영웅이다. 박정희 시대를 통과한 사람들에게는 "잘살아보세"라는 구호가 상징하듯 전후 어려움 속에서도 공동의 목표를 위해 헌신했던 걸출한 지도자다. 긴급

조치와 위수령, 인권탄압의 음습한 시대로 기억하는 사람들조차 부지불식(不知不息)간에 박정희 노스탤지어를 갖고 있다. 박정희 시절을 경험하지 못한 젊은 세대에게도 박정희는 부모 세대를 통해 학습된 역사적 인물이다.

베이비 붐 세대가 경험했던 계층상승의 사다리를 만나지 못한 젊은이들에게 가장 중요한 가치는 박정희 정권의 지배이념이었던 경제성장우선주의일 수 있다. 경제성장우선주의는 민주화 이후 박정희 노스탤지어가 재생산되는 메커니즘이다. 물론 이미 고도성장기를 지나 민주화된 한국에서 박정희식 성장모델은 더 이상 유효하지 않지만, 대내외적 요인에 의한 일시적인 경기침체를 겪을 때마다 박정희 노스탤지어에 대한 정치적 호명이 반복되는 양상은 우리 사회가 깊이 고민해야 할 문제다.

그동안 정치학자로서 박정희 노스탤지어에 천착해왔지만, 2022년 3월 9일 치러진 제20대 대통령 선거 과정에서도 어김없이 대두된 박정희 노스탤지어를 보면서 이제는 보다 쉬운 언어로 많은 이들과 함께 박정희 노스탤지어를 들여다볼 필요성을 느꼈다. 이 책은 이러한 고민의 결과물이다. 박정희 노스탤지어를 시에 비유하면 각 시대의 필요에 따라 정치언어로 노래해 온 서사시가 아닐까 싶다. 다만, 각자의 필요에 따라 수시로 호명할 뿐 상호 대립되는 관점에 대한 몰이해로 일관한 박제된 시다. 다 들어봤고 제목은 알지만 각자의 필요와 편향에 따라 자의적으로 해석할 뿐 제대로 읽어보지 못한 시다. 이 책을 통해 박정희 노스탤지어라는 박제된 역사적 서사시를 함께 읽고자 한다. 여론조사 등 여러 객관적 근거들은 박정희 노스탤지어라는 시를 함께 읽는 노둣돌이다. 독자들이 각자의 프리즘으로 박정희 노스탤지어를 이해하더라도 다양한 객관적 근거를 통해 프리즘의 다른 빛깔을 만날 수 있기를 바란다.

> 나에게 놋주발보다도 더 쨍쨍 울리는 추억이
> 있는 한 인간은 영원하고 사랑도 그렇다
> — 김수영, <거대한 뿌리> 부분

제목으로 인용한 시의 3연 마지막 문장인 이 구절은 박정희 노스탤지어를 비롯한 정치적 현상에 대해 다른 생각을 용인하지 않고 상대의 입장을 부인(否認)하기만 하는 현재 우리의 모습을 돌아보게 한다. 이 책을 통해 박정희 노스탤지어라는 박제된 시를 함께 읽음으로써 한국 민주주의 앞에 '바로 앉는 법'을 나눌 수 있기 바란다.

2022년 여름
강우진

목차

제1장

현실
우리 시대의 박정희

박정희 노스탤지어: 미란다(Miranda)와 크레덴다(Credenda)

동의나 지지 여부와는 무관하게 정치적 상징성을 갖는 장소들이 있다. 그중에서도 경북 구미시의 박정희 전 대통령 생가는 한국 사회에서 보수 우익 진영을 대표하는 상징적인 장소로 끊임없는 논란의 중심에 서 있다.

<野 대선주자 필수코스 '박정희 생가'>(조선일보 2019/09/19)라는 보도처럼 지난 20대 대선을 앞두고도 국민의 힘 대선 경선 주자들은 일제히 박정희 생가를 찾았다. 최재형, 홍준표, 윤석열, 유승민 순으로 대선 경선 후보가 잇따라 방문하면서 논란이 되었다. 특히 윤석열, 유승민 후보 방문 시에는 아수라장이 되었다. 윤석열은 국정농단 수사로 박근혜를 몰락시킨 장본인이었다. 유승민은 탄핵에 찬성하여 탄핵을 가능하게 반든 이른바 보수의 배신자였다. 정치인의 방문만 문제가 된 것이 아니다. 2016년에는 박정희 생가 앞에서 1인 시위를 하던 여성을 '박사모(박근혜를 사랑하는 모임)' 회원들이 집단 폭행하는 사건이 벌어졌다.

이보다 3년 앞선 2013년에는 박정희는 "반신반인(半神半人)"으

로 신격화되었다. 박정희의 딸 박근혜가 대한민국 제18대 대통령에 취임한 그해, '박정희 대통령 96회 탄신제' 인사말을 통해 당시 남유진 구미시장이 공개적으로 천명한 발언이다. "박정희 전 대통령은 반신반인으로 하늘이 내렸다는 말밖에는 할 말이 없다"는 남유진 구미시장의 발언은 큰 파장을 일으켰다. 당시 재선 시장이었지만 전국적인 명망가는 아니었던 남유진 시장은 이 발언으로 친박 세력의 대변자로 부상하면서 전국적으로 논란의 중심이 되었다. 이뿐만이 아니었다. 같은 자리에서 김관용 경북도지사는 5·16을 "구국의 결단"이라 칭했고, 심학봉 새누리당 의원은 "아버지 대통령 각하"라고 운을 뗀 뒤 "아버지가 돌아가신 지 34년이 됐다."라면서 박정희 전 대통령을 아버지로 칭했다.

박근혜 대통령 취임과 함께 박정희 전 대통령과 유신 시대를 미화하는 발언이 논란이 이어진 것은 구미에서만의 일이 아니었다. 박정희대통령기념재단 이사장인 손병두 전 서강대 총장은 국립현충원에서 열린 박정희 전 대통령 34주기 추도사를 통해 "정치권 일각에서 '유신회귀' 주장이 나오는데, 우리 서민들은 '간첩이 날뛰는 세상보다는 차라리 유신시대가 더 좋았다'고 부르짖는다"고 했다.[03]

경북 구미시의 박정희 관련 사업의 시작은 김관용 시장 시절인 2002년 구미체육관을 '박정희 체육관'으로 개명한 일이지만, 본격화된 것은 남유진 시장 재임 당시다. 김관용 전임 시장이 경북도지사로 직행한 후 바통을 이어받은 남유진 시장은 2014년부

거대한 뿌리: 박정희 노스탤지어

터 '박정희 생가 공원화 사업'과 '새마을 테마파크 조성사업'을 추진, 2017년 '박정희 100주년 사업' 완성에 박차를 가하였다.

그동안 구미시는 박정희의 고향이라는 이유로 전국의 다른 지역에 비해 정치적 혜택을 받았다. 박정희 재임 기간인 1973년 처음 대규모 공단이 들어선 이래, 1983년 전두환 전 대통령이 제2공단을, 노태우 전 대통령이 제3공단을 지었다. 이로 인해 구미시는 경북에서 가장 많은 외부인구가 유입되면서 평균 연령이 34세에 불과한 젊은 도시로 변모했다. 이러한 인구통계학적 특성 때문인지, 지역에서 중앙 정치무대까지 광폭 행진을 보여 온 '박정희 100주년 사업'은 박근혜 정부 시절 국비 지원 등의 전폭적 지원에도 불구하고, 정작 구미시 내에서는 큰 지지를 얻지 못했다.

결과적으로 정치지형이 바뀌었다. 남유진 시장은 제7회 전국동시지방선거에서 경북도지사 출마를 선언했지만, 자유한국당 후보 경선에서 저조한 득표에 그쳤다. 제7회 전국동시지방선거(2018/6/13)에서는 더불어민주당 장세용 후보가 당선되는 일대 파란이 일어나면서, 시장뿐만 아니라 경북도의원 선거에서도 더불어민주당이 자유한국당에 비해 앞서는 이변이 속출했다. 시의회 역시 더불어민주당이 공천한 모든 후보가 1, 2위로 당선됐다. 이렇게 철옹성이던 대구·경북의 정치지형도 조금씩 달라지는 양상을 보이지만, 구미는 여전히 박정희의 도시다.

[그림 1-1] 박정희 전 대통령 생가 북쪽에 위치한 박정희 대통령 5m 동상의 정면

출처: 근현대사아카이브. "박정희 전 대통령 5m동상."

도시 입구부터 확인할 수 있듯이 곳곳에 박정희의 이름을 딴 도로와 기념관은 물론 박정희 생가 뒤편 새마을공원에는 [그림 1-1]처럼 압도적 위용을 자랑하는 높이 5m의 박정희 동상이 있다. 2011년 남유진 구미시장 시절, '박정희 100주년 사업'의 하나로 조성한 이곳에는 종일 박정희를 상징하는 '새마을 노래'가 흐른다. 역대 어느 대통령의 생가나 상징적 장소도 이렇게 막대한 규모로 조성되어 지속적 논란을 유발하는 곳은 없다. 이런 현상은 무엇을 의미하는가?

미국의 정치학자 찰스 에드워드 메리엄(Charles Edward Merriam

Jr., 1874-1953)은 이에 대한 유효한 개념을 제공한다. 정치권력이 사회 통제의 영역에서 어떤 역할을 수행하는지에 대해 분석한 메리엄은 1934년에 발표한 『정치권력(Political Power: It's Composition & Incidence)』[04]을 통해 정치적 상징조작을 규명했다. 이를 미란다(miranda)와 크레덴다(credenda)라는 두 가지 측면에서 규명한 메리엄은 인간의 정서와 심리에 호소하는 방식을 미란다(miranda)로 규정했다. '동일시의 상징'으로서 공공장소나 기념일, 동상 등을 활용하는 방식으로. 자발적 복종을 이끌어내는 고차원적인 지배방식이다. 반면 크레덴다(credenda)는 인간의 이성에 호소하는 합리화 상징을 뜻한다. 권력의 정당성과 합리성에 대한 신념을 갖게 만드는 논리적 설득장치로 정부에 대한 존경심, 권위에 복종케 하는 정치적 이데올로기, 헌법 제정 등이 있다.

원래 '미란다'(miranda)라는 이름은 셰익스피어의 로맨스극 『템페스트(The Tempest)』의 여주인공 프로스페로의 딸이다. 세상 물정 모르고 정치적 원수인 브디닌도를 무조건 사랑하는 미란다처럼 피통치자가 정치적 상징조작에 의해 정치권력을 예찬하는 비합리적인 상황을 상징하기 위해 붙인 이름일 것이다.

실제로, 그의 독재나 반인권·반민주적 통치행태마저 부국(富國)을 위한 불가피한 조치로 미화하고, 유신마저 '선제적 비상조치'라고 의미부여하면서 박정희를 위대한 국가 경영자(CEO 리더십)와 초인(超人)으로 신성시하는 추종자들을 심심치 않게 보게 된다. 이러한 면에서 박정희 노스탤지어는 미란다의 정치적 효과가 작용한 것으로 볼 수 있다.

하지만 박정희 노스탤지어는 극단적 지지나 일방적 예찬만의 결과가 아니라는 점이다. 무엇보다 박정희 정권 차원의 상징조작에 의해서 발생한 일시적 현상이 아니다. 박정희 노스탤지어는 전직 대통령 개인에 대한 회고적 지지로만 국한할 수 없는 다층적 현상이다. 시대와 지역, 연령과 계층을 넘어 이미 광범위하게 형성되어 나타난 박정희 노스탤지어에 대한 보다 객관적 고찰이 필요한 이유다. 한국 민주주의 미래를 위해서는 한국 민주주의의 가장 중요한 도전 중의 하나로 부상한 박정희 노스탤지어에 대한 정밀한 조명이 필요하다. 이 책은 맞춰 보지도 않고 각자의 관점에서 상상하고 해석하는 박정희 노스탤지어의 흩어진 퍼즐 조각을 맞춰 나가는 글쓴이 나름의 여정이다.

박정희 시대와 문화

'BTS, 봉준호, 블랙핑크' 등은 자연인으로서의 개인을 넘어 21세기 국제무대에서 공인된 한류(Korean wave)의 상징이자 '기호'(signe)[05]다. 이들은 '걸어 다니는 기업'이라 할 정도로 엄청난 파급효과와 부가가치를 창출하면서 한국을 대표하는 하나의 브랜드가 되었지만, 글쓴이는 조금 다른 소회를 갖는다. 서로 다른 두 시간이 동시에 공존하는 현재 한국 사회의 모습 때문이다. 한국의 새로운 국가 브랜드로서 한류를 칭송하는 동시에 더 이상 한국사회에 유효하지 않는 박정희 모델을 여전히 지지하고 수용한다.

1960년 쿠데타로 집권한 박정희의 제5대 대통령 취임(1963/12 /17) 일성은 국민의식 개조와 민주주의였다. 그는 취임사[06]를 통해 "탐욕과 후진(後進)의 굴레를 벗어나기 위해 오늘의 세대에 생존하는 우리들의 생명을 건 희생적 노력을 다하지 않는 한, 내 조국 내 민족의 역사를 뒤덮은 퇴영(退嬰)의 먹구름은 영원히 걷히지 않을 것"이라면서 "강력정치를 빙자한 독재의 등장도, 민주주의를 도용한 무능·부패의 재현도 단연 용납될 수 없는 것"이라고 강조했다.

박정희 정권은 여느 독재정권과 마찬가지로 국가주도의 문화정책을 추진하면서 문화예술을 통제했다. 대학생 제복착용과 중고교 남학생 강제 삭발을 시작으로 공포분위기를 조성했다. 반공법, 공연법, 영화법 등 각종 법률 제정과 한국예술문화윤리위원회 등 여러 심의기구를 통해 문화통제 기반을 구축하였다. 이를 토대로 검열을 제도화하고 금지곡과 금서 목록을 만들었다. TV를 통해 히피 문화 등 서구 문물이 전파되면서 본격적인 대중문화 시대가 열리자 장발과 미니스커트 등의 청년문화를 퇴폐문화로 치부하며 단속에 나서기도 했다.

특히 '10월 유신(1972)'과 함께 본격화된 '긴급조치'로 문화예술 탄압은 본격화됐다. 1973년 박정희의 '문예중흥' 선언과 이듬해 제1차 문예중흥 5개년 계획에 따라 한 축으로는 반공 홍보와 새마을운동 추진을, 다른 한 축으로는 사상 통제와 문화예술 탄압을 가속했다.

규제의 원칙은 없었다. 박정희 대통령의 노래를 만들라는 청와대의 요구를 거절한 가수 신중현 씨처럼 유신정권의 눈 밖에 나면 그만이었다. 당대를 풍미했던 신중현 씨의 음반을 트는 일은 물론 제작까지 금지되었다. 가수의 손짓이나 가사의 분위기, 책 속의 문장이 불온한 기운을 연상시킨다는 이유만으로 규제 당했다.

문화예술을 통제하고 탄압하면서도 본인은 궁정동 안가에서 김재규에 의해 저격당한 마지막 순간까지 가수 등과 함께하면서 대중문화를 향유[07]했던 박정희 전 대통령은 사후 43년이 지나서도 여전히 문화예술계의 논란을 유발하는 당사자다.

2021년 4월 개최된 제13회 광주비엔날레의 초대작 논란은 가까운 사례. 초대작가인 이상호 화백의 '일제를 빛낸 사람들'에 박정희가 그려졌다는 이유로 전시 중단 논란이 일었다.

작가는 70여 년 전 반민특위 해체로 심판받지 못한 친일파들을 예술법정에 초대했다. 노덕술, 안익태, 방응모, 이광수, 최남선, 백선엽 등 친일 부역자 92명을 포승줄로 묶고 수갑을 채운 그림 한가운데 박정희가 있다. 예술 법정에 초대된 인물들의 표정은 모두 온화하다. 등장인물 본인들이 연출해서 찍은 사진을 토대로 형상화했기 때문이다. 평온한 표정의 인물 옆에 이름과 죄명이 쓰여 있을 뿐이다. '혈서로 충성을 맹세한 만주군 중위 박정희(그림 상단 중앙의 황토색 군복 차림)'같은 방식이다.

[그림 1-2] 제 13회 광주비엔날레 초대작 <일제를 빛낸 사람들> ©세계일보

출처: 민족문제연구소. 2021. "일제를 빛낸 사람들 – 이상호 화백이 들려주는 작품 해설." https://www.minjok.or.kr/archives/120055(검색일: 2022/10/19).

미국 뉴욕타임스 1면(2021/03/29)에 실리기도 했던 이 작품이 광주비엔날레에서 공개된다는 사실이 알려지자, 박정희대통령기념재단은 즉각 전시 중단을 요구하고 나섰다. "박정희 전 대통령과 대한민국의 산업화의 주역들을 왜곡하고 폄훼하였다"라며 문화체육관광부와 광주시를 비롯해 공식 후원사 20여 곳에 우편물을 보내 외압을 가했다.

이에 대해 예술인 258명은 4월 21일 성명을 내고 "예술 창작과 표현의 자유를 억압하지 말고 세계적인 미술 축제인 광주비엔날레를 탄압하지 말라."고 규탄하였다.

반면 박정희를 추앙하는 문화예술 작품에는 공개적 반대 목소리 대신 열광적 성원과 회고적 지지로 응답한다. 극우 유튜브 채

널인 가로세로연구소가 투자했다는 소식에 주목받았던 '뮤지컬 박정희'가 일례다. 보수 우익 진영에서는 투자사와 제작사 간 갈등으로 법적 분쟁을 거쳐 지연 상영된 일조차 문재인 정부를 탓했지만, 경북 지역과 수도권을 중심으로 상영하는 과정에서 박정희 우상화 논란이나 공연 반대 목소리는 없었다.

[그림 1-3] 뮤지컬 박정희

출처: YES24. 2021. "뮤지컬 박정희." http://ticket.yes24.com/Perf/38950 (검색일: 2022/10/19).

눈여겨봐야 할 점은 문화예술 현장에서 '박정희'를 다루면 뚜렷하게 찬반 입장을 담아내지 않더라도 논란과 분열을 일으키는

거대한 뿌리: 박정희 노스탤지어

양상이다. 박정희 노스탤지어에 대한 사회적 합의가 부재하다는
방증이기도 하지만 이를 박정희 전 대통령에 대한 회고적 지지만
으로 치부할 수 없다는 방증이기도 하다.

　　박정희와 박근혜 두 전직 대통령을 영웅으로 떠받드는 사람들
의 이야기를 있는 그대로 보여준 다큐멘터리 <미스 프레지던트
(감독 김재환 2017)>는 대표적인 예다.

[그림 1-4] <미스프레지던트> 포스터

출처: NAVER 영화. 2017. "미스프레지던트." https://movie.naver.com/movie/bi/mi/
　　basic.naver?code=162420(검색일: 2022/10/19).

　　영화는 매일 아침 일어나면 의관을 정제하고 박정희 사진에

절하면서 국민교육헌장을 외우는 것으로 일과를 시작하는 모습, 구미시의 5m 크기 박정희 동상 앞에서 한복 차림으로 정중히 절하는 모습, 태극기 집회에 참석하는 모습, 박근혜 탄핵에 낙담하면서도 "죽을 만큼 사랑합니다"라고 외치는 모습 등 지지자들의 일상을 담담히 있는 그대로 담아낼 뿐이다.

그런데도 박사모(박근혜를 사랑하는 모임)는 "빨갱이 감독이 애틋한 척하며 박사모를 조롱한다"고 비판했다. 박정희 부녀에 대한 열광적 지지를 화면으로 보여주는 일 자체가 광신도라는 비판으로 이어질 것이라는 우려 때문이다. 반면 진보 진영에서는 "왜 그들의 얘기를 들어주느냐?"면서 '박정희를 찬양하는 영화'라고 반응했다. 각 진영 내부에서도 영화에 대한 의견이 엇갈렸다.

전직 대통령에 관한 영화는 이전에도 있었다. 같은 감독의 전작 다큐멘터리 <MB의 추억>도 있고, 이승만 대통령 다큐멘터리도 비록 무산되었지만 추진된 바 있다. 같은 해에 다큐 영화 <노무현입니다(감독 이창제 2017)>도 개봉 10일 만에 100만 관객을 돌파하는 등 화제를 모았지만, <미스 프레지던트>처럼 격렬한 논쟁은 없었다.

일각에서는 박정희 부녀에 대한 열광적 지지를 두고 그동안 보수언론과 보수진영이 박정희를 우상화하고 신화화함으로서 실체적 진실이 제대로 알려지지 않은 데 따른 파생된 현상으로 치부한다. 그러나 정치인에 대한 열광적 지지를 일컫는 팬덤 현상의 기원은 최초의 자발적 정치인 팬클럽으로 출범한 노사모(노무현을 사랑하는 모임)다. 노사모는 2002년 12월 19일 제16대 대통령선거에서 노무현이 당선된 이후 시민사회운동을 전개했다('노사모의 '찬란한 유산' 팬클럽 정치' 시사인IN 2009/07/21). 노무현 대통령 당선 이후에는 지역구도 타파 등의 활동을 펼치다 2019년 해산하였다.

한편, 2004년 인터넷카페로 출범한 박사모는 유사한 단체가 대거 형성되면서 박근혜 탄핵 이후에도 정치개입 등으로 논란의 중심에 섰다. 20대 대선 과정에서는 국민의 힘 경선을 앞두고 윤석열 후보 지지를 둘러싼 법적 논란으로 비화했다(정광용 박사모 회장 "윤석열 지지선언한 '짝퉁 박사모' 법적 조치" 뉴스1 2021/10/31). 박정희와 박근혜 전 대통령에 대한 일방적 지지나 팬덤을 넘어서는 박정희 노스탤지어를 비추는 또 하나의 풍경이다.

대다수 대한민국의 역대 대통령들 상반된 평가를 받고 있다. 이런 가운데에도 박정희는 이승만과 함께 가장 극단적 평가를 받는 전직 대통령이다. 차이점은 열광적 추앙과 극단적 경멸 속에서도 정치적 국면마다 가장 강력하게 호명되고 있다는 것이다. 이러한 경향이 일각의 주장처럼 박정희 전 대통령에 대한 일방적 지지나 회고적 경향일 뿐이라면, 특정 세력에 의해 추동된 신화나 신드롬일 뿐이라면 세대를 건너 지속되는 이유를 설명할 수 없다.

'박정희'는 현재진행형

박정희 노스탤지어를 박근혜 대통령 당선에 따른 일시적 반동으로 폄하하는 시각도 있었다. 그들은 박근혜 전 대통령 탄핵 이후, 박정희를 호명하는 현상이 잦아들 것으로 전망했다. 하지만 일련의 여론조사와 지난 20대 대선 과정에서 보이듯 박정희 노스탤지어는 여전하다. 국정농단과 탄핵을 거치면서 보수는 정치적 몰락의 순간까지 갔다. 이 시기 보수는 국정농단의 주역이 된 박근혜의 정치적 자산이었던 박정희의 시절을 자랑스럽게 내세우길 주저했다. 하지만 5년여가 지난 시점에서 20대 대선을 거치면서 박정희는 다시 진보와 보수 진영을 넘어서 호명하고 싶은 과거의 영광으로 부활했다.

20대 대선을 앞두고 보수 야권을 중심으로 박정희 생가를 방문했을 뿐만 아니라, 가난과 보릿고개에서 국민을 해방시킨 주역이라고 강조(<野 주자들 "박정희, 가난·보릿고개서 국민 해방시켜" 찬사> 뉴시스 2021/10/26)하면서 박정희 노스탤지어를 자극했다.

이 자리에서 국민의 힘 이준석 대표는 "산업화 발전에 헌신하신 박정희 전 대통령을 기리는 저희의 전통은 계속될 것"이라며 "저희 당은 적어도 박 전 대통령 평가에 대해서 다른 의견이 없다"고 잘라 말했다.

국민의 힘 대선 경선 당원 투표를 앞두고 당시 윤석열 예비 후보는 박근혜 전 대통령의 전통적 지지기반이었던 대구를 찾아 친박 표심 잡기에 나섰다. 묘역 참배 후에는 ""최빈국인 대한민국을 세계 10위권 선진국으로 발돋움할 수 있게 기초를 놔주신 분"이라고 극찬하였다. 이보다 앞서 TV 토론에서 홍준표 예비 후보는 "우리나라 대통령 중 과학계를 가장 중요하게 생각했던 박 전 대통령은 자주국방을 내세우고 국방과학연구소를 설립했다"고 강조하였다. 같은 자리에서 원희룡 예비 후보는 "기본적인 식견과 함께 용인술에서 전설이었다"고 추앙하였다. 박정희 전 대통령 생가 방문 시 유승민 예비 후보가 "이 나라를 오랜 가난으로부터 해방시킨 박 전 대통령의 업적은 역사에 길이 남을 것"이라고 하였다. 그뿐만 아니라 집권 여당의 대통령 후보로 선출된 이재명 전 경기도지사 역시 누차 경부고속도로 건설 등 박정희 전 대통령을 언급하여 눈길을 끌었다.

정치인들만이 아니다. 1990년 이후부터 최근까지 실시된 거의 모든 전직 대통령 선호도 조사에서 박정희 전 대통령은 압도적 1위를 점하고 있다. 최근 실시된 일부 여론조사에서 노무현 전 대통령이 박정희 전 대통령에 대한 선호를 앞지르기도 했지만, 여론조사 추세와 포괄적 현황을 뒤집을 정도는 아니다.

정부수립 50주년 기념으로 실시된 '대한민국 50년의 50대 인물조사'(한국갤럽 1998/07/15)에서도 박정희 전 대통령은 김구 주석을 누르고 1위를 기록하였다. '해방 후 60년 동안 대한민국을 세계에 가장 널리 알린 인물 조사'(KBS 2005/01/01)에서도 김구 주석(23.9%)을 근소한 차이로 누르고 1위(24.6%)에 올랐다. '정부수립 이후 60년 동안 대한민국의 발전에 가장 큰 업적을 남긴 정치지도자 조사'(코리아리서치 2008/08/15)에서는 2위 김대중 전 대통령(11.0%)보다 5배가 넘는 격차(56%)로 1위를 기록하였다. '역사상 가장 존경받는 인물'에 대한 조사에서도 세종대왕(16%)을 누르고 1위(20.1%)를 차지하였다. 박정희 전 대통령에 대한 지지는 '5천년 한국을 빛낸 위대한 인물'(월간조선 2003/11)에 대한 조사에서도 압도적인 1위를 기록했다.

2000년 이후 조사된 전·현직 대통령에 대한 선호도 비교 조사에서도 박정희 전 대통령은 1위에 올랐다. '어느 정부가 가장 잘했나'라는 2003년 조사(코리아리서치)에서 박정희 정부(51.1%)는 2위 김대중 정부(21.5%)와 비교해 압도적인 표 차로 1위를 차지하였다. '좋아하는 역대 대통령' 조사(한국갤럽 2004;2014), '전직대통령 호감도' 조사(리서치 뷰 2012), '역대 대통령 국가발전 기여도'조사(리얼미터 2015/12/13) 등에서도 1위는 '박정희'였다.

박정희 전 대통령에 대한 압도적 지지는 일반 시민들뿐만 아니라 전문가 평가에서도 확인된다. 한국 대통령평가위원회가 해당분야 전문가·학자 320명을 대상으로 벌인 '역대 대통령 분야별 평가(2002/08/26-27)에서 박정희 전 대통령은 업무수행능력, 업적수행평가, 자질 등 모든 분야에서 1위를 기록하였다. 이와 비슷하게 중앙일보와 중앙선데이가 '국가 리더십의 탐색'이란 주제로 전문가 100인에게 의뢰한 조사에서도 박정희 전 대통령은 업적-비전과 의제 설정-행정 운영 능력-경제관리 능력 면에서 모두 최고 점수를 얻었다.

특히 대통령 리더십 평가에서 박정희 전 대통령은 전문가나 일반인 할 것 없이 동일하게 최고의 지지를 나타냈다. 일반 시민

거대한 뿌리: 박정희 노스탤지어

들을 대상으로 한 2010년 전·현직 대통령 리더십에 대한 평가에서도 박정희 전 대통령은 53.5%로 1위를 차지하였다. 2위의 김대중(24.4%) 전 대통령에 비해서 2배가 넘는 지지를 얻었다(중앙일보 2010/02/19).

달라진 양상을 보인 것은 2016년 말부터다. 같은 주제의 2016년 조사(리얼미터, 2016/12/23)에서는 노무현 전 대통령이 36%로 1위를 차지하였다. 박정희 전 대통령은 31%로 2위에 그쳤다. 이는 2016년 하반기 한국 사회를 강타했던 박근혜 최순실 게이트와 이로 인한 박근혜 전 대통령 탄핵의 여파로 추론할 수 있다.

다른 여론조사에서도 비슷한 양상을 보인다. 시사IN의 전직 대통령 신뢰도 조사 결과 2016년부터 노무현 전 대통령이 박정희 전 대통령을 앞질러 1위를 기록했다. 2020년 결과에서는 노무현 전 대통령에 대한 신뢰도가 41.9%로 22.2%를 기록한 2위 박정희 전 대통령에 비해 2배 가까운 수치를 보였다(시사IN 2021/10/17). 하지만 여론조사는 서로 다른 그림을 제시한다. 가장 최근 조사(2021/11/10)를 살펴보자. 박정희 대통령의 호감도는 32.2%로 노무현 대통령(24%) 제치고 1위를 차지했다. 더구나 가장 업적이 많은 대통령에 관한 질문에 응답자의 절반에 달하는 47.9%가 박정희 전 대통령을 꼽았다. 2위인 김대중 전 대통령을 선택한 비율(15.4%)보다 세 배 이상 높은 수치였다(리얼미터 2021/11/11). 이 연구가 아래서 더 자세히 논의하겠지만 박정희 노스탤지어를 박정희 노스탤지어의 역사적·정치적 원천에 대한 분석 없이 전직 대통령에 대한 선호도 조사에 국한해서 분석할 수 없다고 주장하는 이유다(강우진 2019)[08].

주목할 점은 선호도 결과 수치보다 박정희를 선택한 이념 지형의 분포다. 박정희 전 대통령에 대한 선호도가 2016년 이래 지속적으로 하락세를 보이는 시사IN 조사에서 2020년 현재 박정희 전 대통령을 신뢰한다고 응답한 이들의 정치 성향은 보수 35.9%, 중도 25%, 진보 4%로 나타났다. 36%가량의 보수층 이외에 중도와 진보를 합쳐 30% 가까운 수치가 여전히 박정희 전 대통령을 지지하는 현상은 박정희 노스탤지어를 단순히 보수 우익의 회고적 경향으로 치부해서는 안 된다는 의미다.

박정희 전 대통령에 대한 광범위한 지지와 박정희 시대 경제 모델을 적극 수용하는 현상은 일반 시민과 전문가 집단에서 고르게 나타난다. 무엇보다 이러한 현상은 박정희 시대를 직접 경험한 중장년층 이상에서만 보이는 것이 아니라, 젊은 층에서도 나타난다는 사실에 주목할 필요가 있다. 실제로 노무현 정부와 이명박 정부를 거치면서 스스로를 보수라 밝히고 안보와 법치를 강조하며 자유민주주의 체제 수호를 설파하는 많은 젊은 보수단체가 생겨났다. '바른 사회 대학생 연합', '한국 대학생 포럼', '청소년 미래 리더 연합' 등이 그것이다(시사IN 2010/07/23).

한국 정치사상 최초로 30대에 야당 대표에 선출된 이준석 국민의 힘 대표가 가장 존경하는 정치인으로 박정희 전 대통령을 꼽은 일은 세대를 초월한 우리 시대의 박정희 노스탤지어를 단적으로 보여준다. 국회의원 경험이 없음에도 '박근혜 키즈'로 정치 무대에 데뷔한 지 10년 만에 제1 야당 대표가 된 이준석 대표는 자전거를 타고 출근하는 등의 행보로 언론의 주목을 받았다. 지역을 방문하면서도 "미래정치를 하겠다"며 박정희 생가를 찾지 않았다. 그러나 취임(2021/07/07) 1주일 만에 가진 일본 아사히신문과의 인터뷰에서 가장 존경하는 한국 정치인으로 박정희 전 대통령을 꼽았다. "한국의 경제 개발을 선도했기 때문"이라는 것이 이유다. "그 후 독재자의 길로 들어선 것은 다소 아쉬움이 있는 부분"이라는 단서와 함께 한국 사회에서 박정희 노스탤지어가 지속되어 온 핵심 요인을 짚은 것이다.

박정희 세대를 경험하지 않은 20-30대 만을 대상으로 한 최근 조사(2021 경북대 민주주의연구팀)에 따르면 흥미로운 경향을 발견할 수 있다. 가장 선호하는 대통령은 노무현(35.5%), 김대중(19%), 문재인(13.7%)이 상위 3위를 차지했다. 박정희 대통령은 4위(10%)를 기록했다. 가장 일을 잘한 대통령을 묻는 질문에서는 노무현(27.6%), 김대중(21.5%)에 뒤이어 박정희(18%)가 3위를 기록했다. 상위 1-3위 차이는 10%내로 줄어들었다. 박정희 체제를 경험하지 않은 젊은 층 중 상당한 비율이 박정희 대통령을 가장 일을 잘한 대통령으로 판단하고 있었다. 박정희 체제의 경제성장 모델의 핵심적 파트너였던 재벌 체제에 대한 인식에서 '지속적인 경제성장을 위해서는 재벌이 더 큰 역할을 해야 한다'는데 동의하는 집단에서는 박정희가 가장 일을 잘한 대통령이라는 비율이 23.63%

로 증가했다. 경제성장이 민주주의보다 여전히 더 중요하다고 판단한 응답자 중에서 박정희가 가장 일을 잘한다고 판단한 비율은 25.07%로 증가했다. 더구나 '군부 권위주의 시기, 한국의 경제성장을 위해서는 독재가 불가피했다'는 질문에 동의하는 집단에서는 비율이 33.23%로 상승했다.

이렇게 박정희 시대를 경험하지 않은 청년들이 박정희 전 대통령을 지지하고, 세대와 시대를 초월하여 박정희 전 대통령에 대해 고른 선호를 보이는 현상은 어떻게 이해할 것인가? 이러한 질문은 박정희 노스탤지어에 관한 흥미로운 퍼즐을 제시한다. 박정희 노스탤지어의 기반으로서 미란다와 그레덴다를 함께 보아야 할 이유다.

국민의 정부를 거치면서 대한민국은 국제통화기금(International Monetary Fund) 경제위기를 극복하고 문재인 정부 들어서 경제선진국의 반열에 올랐지만 박정희 노스탤지어는 여전히 지도자의 리더십과 정치적 선택의 표준처럼 인식되고 있다. 박정희 노스탤지어가 단순한 '현상'이나 '신화', 또는 '신드롬' 등 일시적으로 부는 바람으로 치부할 수 없는 다층적 현상(multi-level phenomenon)이라는 것을 시사한다.

이는 박정희 노스탤지어에 대한 정의로 이어진다. 앞서 다양한 여론조사를 통해 가늠할 수 있었듯이, 박정희 노스탤지어는 "민주화 이후에도 적지 않은 시민들이 권위주의적 지도자 박정희를 한국식 경제발전을 이루어낸 지도자로 평가하고 그 시대에 대한 향수를 느끼고 정치적으로 지지하는 현상"이다. 나아가 박정희 정권 시기 지배 이념이었던 경제성장우선주의를 가장 중요한 가치로 인식하고 이를 위해서는 박정희식 경제성장 모델이 가장 효율적이라고 인식하고 지지하는 현상이다(강우진 2019)[09]. 흩어진 퍼즐 조각만으로는 전체 그림을 연상하기 힘들다. 퍼즐 조각은 맞춰봐야 전체 그림을 알 수 있다.

제2장

노스탤지어
이것이 노스탤지어다

기억의 회랑

앞서 보았듯이 박정희 노스탤지어 역시 청년층까지 파고 들었다. 과연 노스탤지어란 무엇이기에 세대를 초월해서 문화와 정치까지 포괄할 수 있는 것일까? 국립국어원 표준대사전에 의하면 노스탤지어는 "지난 시절에 대한 그리움"이다. "고향을 몹시 그리워하는 마음"이라는 뜻의 향수(鄕愁)를 의미하기한다. 1장의 마지막에 소개했듯이 박정희 노스탤지어는 "민주화 이후에도 적지 않은 시민들이 권위주의적 지도자 박정희를 한국식 경제발전을 이루어낸 지도자로 평가하고 그 시대에 대한 향수를 느끼고 정치적으로 지지하는 현상"이라고 정의할 수 있다.

지금까지 박정희 관련 연구는 많다. 그러나 그 가운데 박정희 노스탤지어의 범주에 넣을 수 있는 연구는 극히 소수다. 그마저도 주로 '박정희 신드롬'(syndrome)이라는 개념으로 국한하였다. 신드롬의 사전적 의미는 "어떤 것을 좋아하는 현상이 전염병과 같이 전체를 휩쓸 게 되는 현상"이다(국립국어원 표준대사전). 앞서 정의한 박정희 노스탤지어의 포괄적 현상을 고려하면 '신드롬'이라는 개념이 적절한가에 대해 의문을 품게 되지만, 관련 연구들은 현상에 대한 정의와는 별개로 주목할 필요가 있다.

신드롬의 의미에 가장 조응하는 연구는 심리적 차원에서 무속신앙과의 관계성을 규명한 내용이다. 박정희 신드롬이 한국인의 전통신앙인 무속신앙의 현세주의(現世主意)적 기복주의와 밀접히 관련되어 있다는 연구가 있다(한민 2008)[10]. 한국인의 무의식을 지배하는 현세주의적 세계관이 경제성장을 매개로 무속신앙에서 신장(神將)과 같은 역할을 한 카리스마적 지도자 박정희에 대한 지지로 나타났다는 것이다.

실제 적지 않은 무속인의 신당에 박정희 전 대통령이 재복(災福)을 관리하는 신령인 장군신으로 모셔져 있다. 우리나라 전국 사찰 가운데 박정희 내외의 영정을 모신 곳은 도선사[그림 2-1]를 비롯하여 42곳으로 조사되었다(불교닷컴). 종교는 심리적 안정감을 주고 공동체를 형성하여 신뢰와 복종을 형성한다(한국일보 "종교에 의존하는 심리" 2015/06/01)는 분석을 확인할 수 있는 대목이다. 앞서 살펴본 대로 박정희는 일부 극렬 지지자들에게는 반인반신의 지위에 올랐다.

심지어 강준만(2002)[11]은 히틀러에 환호하던 독일 국민들처럼 한국인도 집단 최면에 걸려 있다고 하였다. 박정희와 히틀러는 충동적이고 즉흥적인 성격이 유사하다는 정신분석학자 신용구(2000)의 주장에 토대를 둔 분석이다. 보릿고개를 경험한 한국인들에게 전대미문의 IMF 환란을 초래한 무책임한 정치인과 박정희를 대비시켜, 헌신적으로 일하며 국민들(자식들)을 가난에서 벗어나게 해 준 아버지상(像)으로의 박정희를 호명하게 했다는 것이다. 여기에 박정희의 극적 죽음 또한 한국인의 무의식 속에 신화로 잠재하고 있을 가능성을 주장했다.

[그림 2-1] 도선사에 봉안된 박정희 전 대통령과 육영수 여사의 영정 ⓒ불교닷컴

출처: 조현성. 2014. "한국 사찰 왜 이래, '박통' 영정 내건 까닭이…" 『불교닷컴』 01월 30일. https://www.bulkyo21.com/news/articleView.html?idxno=23963 (검색일: 2022/10/19).

진중권(2003)[12]은 이를 넘어 박정희 신드롬을 아예 병적인 현상으로 간주한다. "일시적인 발작이 아니라 어떤 만성질환, 즉 우리사회의 무의식 깊은 곳에 아직 까지 남아있는 증상이 특정한 조건을 만나 발병한 것"(2003, 340)으로 본다. <2012년 대선 직전 '박근혜 당선 기원 작두굿' 열렸다>는 보도(문화일보 2016/12/14)

나 <최순실 개입 정황 취임행사 '오방낭' 알고보니 엉터리>(KBS 2016/10/27) 등의 박근혜 전 대통령 취임 행사 관련 논란을 떠올리게 하는 주장이다.

박근혜 전 대통령의 무속 신앙 관련 논란은 재임 중에도 지속되었지만, 최순실의 국정농단이 드러나면서 주술정치를 개탄하는 목소리가 보도되었다. 러시아의 마지막 황제 니콜라이 2세와 라스푸틴, 알렉산드리아를 떠 올리게 하는 이러한 퇴행적 모습에 민주 공화정이 '봉건 시대 이하'로 추락했다는 지적(<주술정치의 꼭두각시 박근혜, 그 말로는?> 참여연대·프레시안 공동기획 2016/11/03)이 제기되었다.

그렇다면 박정희 노스탤지어는 독재가 유발한 퇴행적 경향인가? "개혁실패가 낳은 퇴영적 현상"(박노승 2005)[13], "한국 민주주의의 허약함에서 비롯된 과거의 한 역설적 현상이라고 할 수 있다"(한겨레 2006/12/09), "박정희 노스탤지어는 하나의 사회의 병이다"(홍성태 2009, 4-5)라는 연구자들의 진단처럼 박정희 전 대통령에 대한 열광적 지지에는 극단적 경향이 존재한다.

하지만 앞서 소개한 여론조사 결과에서 알 수 있듯이 박정희 노스탤지어는 극렬 보수 진영의 일방적 지지로 국한할 수 없는 광범한 현상이다. 무엇보다 박정희 노스탤지어를 반민주적이고 퇴영적인 현상으로 단정하기 위해서는 적어도 두 가지 조건이 충족되어야 한다. 먼저 박정희 지지자들 대다수가 민주주의에 대해 유보적인 태도를 보이거나 권위주의적인 정향을 가지고 있어야 한

거대한 뿌리: 박정희 노스탤지어

다. 둘째, 박정희지지 그룹이 갖는 권위주의적 정향이 그들의 정치적 지지에 중대한 영향을 미쳐야 한다. 그러나 박정희 노스탤지어를 가진 사람들의 정향은 이 두 가지 전제에 해당하지 않는다.

한국 민주주의 바로미터(Korea Democracy Barometer, KDB) 자료를 활용하여 이 문제를 좀더 살펴보자. [그림 2-2]는 군대 통치, 강력한 지도자 결정, 단일정당에 대한 선호, 세가치 차원으로 측정된 권위주의적 정향이 전체 응답자와 박정희 정부 지지자 사이에 어떻게 차이가 있는지를 나타낸다.

[그림 2-2] 권위주의적 정향: 전체 응답자와 박정희 지지자 비교

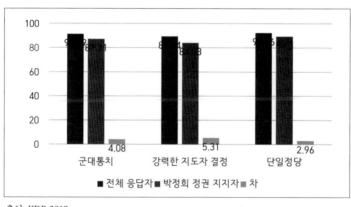

출처: KDB 2010.

권위주의 정향을 측정하는 세차원에서 전체 응답자와 박정희 정부 지지자 두 집단 모두에서 압도적인 반권위주의적 정향을 나타냈다. 먼저, '군대 통치'를 살펴보자. 전체 응답자(91.19%)와 박

정희 정부 지지자(87.11%) 모두 거의 모든 응답자가 군대 통치를 지지하지 않았다. 두 집단 사이 선호의 차이도 5% 미만(4.08%)이었다. '강력한 지도자 결정'과 '일당 독재' 항목에서도 비슷한 양상이 나타났다. 압도적인 다수가 강력한 지도자 결정과 일당 독재를 반대했다. 강력한 지도자 결정 항목에서 박정희 정부 지지자 집단의 반대 비율이 더 낮았지만, 여전히 응답자의 압도적 다수인 84.03%가 반대했다. 일당 독재 항목에서는 전체 응답자와 박정희 지지자 집단의 차이가 거의 없었다(2.96%). 이처럼, 박정희 지지자의 다수는 권위주의적 정향을 지닌 집단이라도 볼 수 없다.

그렇다면 민주주의 체제에 대한 선호는 어떠한가? 박정희 지지자들은 (위수령과 긴급조치가 상징하는) 권위주의 체제 지지자인가? 여러 여론 조사 자료를 분석해 보면 박정희 정부의 공을 평가하고 나아가 박정희 정부를 지지하는 노스탤지어 향유층이 권위주의 체제 지지자로 볼 수만 없다는 것을 나타낸다. KDB 2010에 따르면 박정희 정부 지지자 중 절반이 넘는 58.15%가 민주주의 체제에 대한 선호를 나타냈다. 전체 응답자와 차이도 7.19% 정도에 그쳤다.

박정희 노스탤지어에 대한 심리학적 분석은 노스탤지어의 심리적 기반을 분석하였다는 장점에도 불구하고 다층적인 박정희 노스탤지어를 퇴영적인 현상 나아가 병리현상으로 단순화해버리는 한계를 지닌다. 박정희 노스탤지어에 공감하지 않는 사람들은 박정희 노스탤지어를 병리적 현상으로 치부해버리고 싶을 수도 있지만, 한 세대 이상 특정 계층을 초월하여 포괄적으로 나타난 사회적 현상은 결코 하나의 특성으로 갈음할 수 있는 단순한 문제가 아니다. 이는 마치 박정희 노스탤지어라는 사원의 입구를 장식하는 극렬 추종자 회랑(corridor)만 보고 사원 전체를 가늠하는 것과 같다. 회랑이 아무리 요란하게 눈길을 끌어도 회랑은 회랑일 뿐, 사원 전체를 대변할 수는 없다.

신화의 탄생

박정희 노스탤지어의 실체를 제대로 규명하기 위해서는 앞서 들여다 본 '신드롬'이라는 관점 이외에도 연구자들은 물론 언론에서 두루 통용되는 '박정희 신화'라는 인식을 살펴볼 필요가 있다. 박정희 노스탤지어에 거부감을 가진 입장에서는 신비로운 이야기를 의미하는 신화(神話)라는 표현 자체에 불편함을 가질 수도 있지만, 신화의 사전적 정의를 보면 이 시대까지 '박정희 신화'라는 표현이 지속되는 이유를 유추할 수 있다. 국립국어원의 표준국어대사전에 따르면 신화는 문학에서 고대인의 사유나 표상이 반영된 신성한 이야기. 우주의 기원, 신이나 영웅의 사적(事績), 민족의 태고 때의 역사나 설화 따위를 일컫는다. 단군신화나 그리스·로마 신화에서 나라를 세우고 세상을 지배한 신들의 이야기와 영웅이 쌓은 공적이 같은 범주에 있다. 즉, 인간사에서 영웅이나 영웅시된 사람을 신격화하기 쉽다는 의미로 해석할 수 있다.

흥미로운 점은 AI가 지배하는 음습한 미래를 이야기하는 현대에도 신화가 지속되고 있다는 점이다. 앞서 살펴본 후진적 정치행태로서의 주술적 행위뿐만이 아니라 현대사회에서 다수의 사람이 믿는 사회적 일상 언어로서의 각종 신화가 메타언어로 통용되고 있다. 이에 대해서는 옥스퍼드 영어사전의 정의가 유용한 해석의 근거를 제시한다. 사전은 신화를 두 가지로 정의[14]한다. 첫 번째 정의는 옛날이야기라는 뜻인데, 두 번째 정의가 중요하다. 옳든 그르든 한 사회의 많은 사람이 정말이라고 믿는 '생각'이나 '사실'이 신화라는 정의(ideas of facts that many people think are true but that do not exist or are false)는 우리 시대의 박정희 노스탤지어를 이해해야 하는 방향을 제시한다.

프랑스의 철학자 롤랑 바르트(Roland Barthes)는 신화는 자연적인 것이 아니라 사회적으로 영향을 받은 역사적 구성물이라는 것을 강조했다. 또한 신화는 전도의 효과를 가진다. 보통 기표(signifiant)와 기의(signifié)가 결합하여 기호(signe)를 만들지만, 이 기호는 기표(SIGNIFICANT)가 되기도 하고 새로운 기의(SIGNIFIE)와 결합하면 새롭게 기호를 구성한다(롤랑바르트 『현대의 신화』, 2002)[15].

박정희 노스탤지어를 분석한 연구 중에 대중의 시각('아래로부터의 시각')을 강조하는 접근법이 있다. 이 시각은 '대중 독재론'으로 불린다. 박정희 노스탤지어에 대한 대중적 기반을 강조하는 시각을 이해하기 위해서는 핵심 논리를 간단히 살펴볼 필요가 있다. 이 시각은 나찌즘을 대표로 하는 독재체제에 대한 기존의 대립적 시각(폭압적 독재자와 선량한 국민의 희생)에 문제를 제기하면서 주목을 받았다.

대중들의 일상 속에서 지배와 피지배 그리고 강제와 동의의 작동 방식은 매우 복합적이다. 이를 이해하기 위해서 그람시(A. Gramsci)의 헤게모니(Hegemony)의 개념을 살펴보는 것이 유용하다. 그람시에 따르면 지배계급의 우위는 일차적으로 물리적 강제력을 통해서 유지된다. 하지만 강제력만으로 지배계급의 헤게모니는 유지되지 않는다. 피지배계급으로부터 동의를 창출해 내는 것이 필수적이다. 지배계급의 지배는 강제력과 동의의 유기적인 결합을 통해서 창출되고 유지된다.

이러한 문제의식에서 대중 독재의 시각은 박정희 시대가 '항상적 위기와 지속적 강압의 시절이었음에도, "박정희 대통령 시절이 좋았지"라고 회상하는 대중의 집단기억이 어떤 역사적 맥락 속에서 만들어졌는가'를 강조한다(임지현 2004, 503-504)[16]. "사람들을 자발적으로 굴종하게 만들어 일상생활의 미세한 국면에까지 지배권을 행사하는 보이지 않는 규율"(임지현 2000, 30)[17]이 되었다고 보는 관점이기에 '대중 독재론'이라고 부른다. 이 시각에 다 동의하지 않는다고 하더라도 박정희 시대 대중은 '조국 근대화'라는 국가의 호명에 일정한 동의와 순응을 통해서 응답했다.

여기서 한 발 더 나가 박정희 노스탤지어를 아예 정권 정당화 차원의 신화화 시도로 보는 시각(홍윤기 2003)[18]도 있다. 정권 정당화 차원의 신화화 시도라는 관점에서 보면 그 출발은 '10월 유신'

이다. 1972년 10월 17일, 박정희 대통령은 국회를 해산시키고 비상계엄령을 선포하였다. 사실상 민주적 대표체제를 무력화시킨 유신 쿠테다 직후부터 박정희 정권은 광범위하게 정당화 담론을 유포시켰다. 박정희 전 대통령 연설문집 시리즈와 박정희 자신이 저자로 발표된 다양한 저작 이외에도 『민족과 함께 역사와 함께: 박정희 대통령-그 인간과 사상』(서울신문사 1978) 등 다수의 저작물이 출간되었다.

이러한 유신정권 차원의 정당화 담론은 뚜렷하게 확인되지만, 여기서 다시 질문이 필요하다. 그렇다면 유신정권의 정당화 담론이 신화화를 통한 박정희 노스탤지어로 이어진 것인가? 정권 정당화 담론 유포 차원에 따르면 이는 "단순히 과거 박정희가 이룩한 위업에 대한 복고적인 향수가 아니다. 그것은 명백히 공론장에서 현재적인 사회과정의 맥락을 배경으로 이루어진 이데올로기화 작업의 소산"이다(홍윤기 2003, 64)[19].

특히 문민정부 개혁의 좌절을 배경으로 박정희 신화화 담론이 제기되었으며 1997년 국제통화기금IMF 경제위기를 겪으면서 광범위하게 확산됐다는 것이다. 물론 박정희 집권 기간의 적극적인 정당화 담론 유포는 정권홍보 차원에서 역할을 하였다. 그러나 김영삼 정부 이후 본격화된 박정희 노스탤지어의 대중적 기반을 설명하기에는 역부족이다. 직접 기여했다고 보기에는 시차가 너무 큰 후행적 일이기 때문이다.

박정희 정당화 저작물과 관련해서는 오히려 김영삼 문민정부 시절 출간물의 상징적 의미에 주목할 필요가 있다. 박정희 신화화 담론을 담은 저작은 박정희 사후부터 김영삼 정부 이전 기간에도 다수 존재하지만, 문민정부 시기의 저작물들은 뜨거운 정치·사회적 논쟁과 대중적 관심으로 확대되었다는 특징이 있다. 1997년을 기점으로 대중적인 영향력을 가진 보수 언론과 베스트셀러 작가 등에 박정희 신화화를 통한 정당화 담론이 만개했다. 대표적인 것이 조갑제와 이인화의 저작물이다. 『영원한 제국』(세계사 1993)으로 베스트셀러 작가가 된 이인화(본명 류철균, 전 이화여대 교수)의 『인간의 길 1-3』(살림출판사 1997-1998)[그림 2-3]은 조선일보에 연재되어 화제를 모았던 조갑제의『내 무덤에 침을 뱉어라 1~8-근대화 혁명가 박정희의 비장한 생애』(조선일보사 1998-2001)와 함께 격렬한 논쟁을 유발하며 박정희 정당화 논리의 촉매 역할을 하였다.

특히 전작이 영화화되면서 크게 주목받았던 소설가 이인화의 박정희 영웅 소설 발표는 문학계는 물론 보수 언론에서도 관련 비판을 상세하게 다룰 정도로 논쟁거리였다 ("이인화씨의 '인간의 길' 평단서 집중폭격, 문화일보 1997/08/14). 박정희 영웅소설에 대한 비판은 주요 문예지가 포문을 열었다. '착각적 국가지상주의자, 이인화'(실천문학, 하정일), '보수로 위장된 글쓰기의 책략성'(작가세계, 황순재), '위험한 형이상학의 허구, 혹은 신화'(문예중앙, 한기) 등이 그것이다. 박정희를 영웅시한 이인화의 소설은 문학성 논란과 함께 "신화의 활용과 사실의 윤색을 통해 한 인간을 신비화함으로써 진실을 은폐 왜곡시켰다"(하정일)는 등의 비판이 줄을 이었다.

[그림 2-3] 이인화의 박정희 영웅소설 관련 보도 및 인터뷰 (1997/04/05)

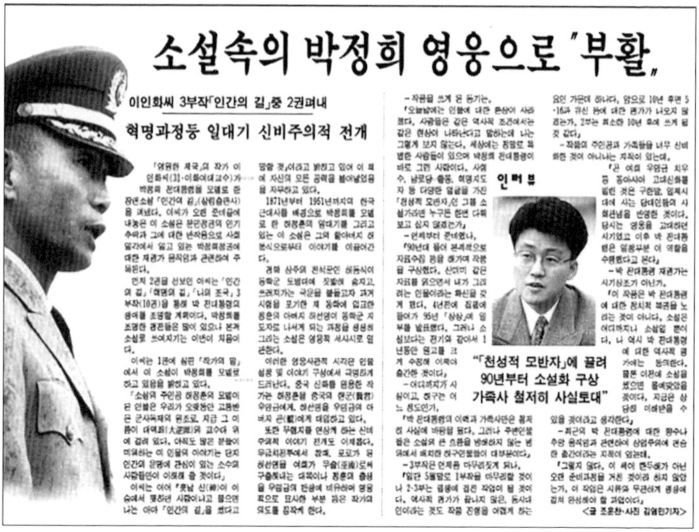

소설속의 박정희 영웅으로 "부활"

이인화씨 3부작「인간의 길」중 2권펴내

혁명과정등 일대기 신비주의적 전개

인터뷰

"「천성적 모반자」에 끌려 90년부터 소설화 구상 가족사 철저히 사실토대"

출처: 네이버뉴스라이브러리. "경향신문: 소설속의 박정희 영웅으로 '부활', 1997년 04월 05월호 15면."
https://newslibrary.naver.com/viewer/index.naver?articleId=1997040500329115001&editNo=45&printCount=1&publishDate=1997-04-05&officeId=00032&pageNo=15&printNo=16069&publishType=00010(검색일: 2022/10/19).

"'박정희 미화' 세력과 그 세력에 동조하거나 수수방관하는 세력이 압도적인 다수를 점하고 있는 현실에서 역사적 사실과 논리는 극소수 사람들에게서만 유통되다 끝날 뿐, 일반 대중은 그런 힘의 관계에서 '박정희 미화' 세력의 영향권 아래 놓여있는 것이다(1999, 33)."라는 강준만(1999, 31)[20]의 주장처럼 문민정부 이후 보수 언론과 보수 세력에 의한 박정희 신화화 담론이 적극적으로 유포된 것 또한 확인된다.

박정희는 "1993년에야 위대해졌다"는 한 언론(한겨레21 2009/ 10/21)의 주장처럼 1993년 2월 25일 김영삼 대통령 취임 이후 문민정부 시절부터 조선일보를 비롯한 보수 언론에서는 박정희와 다른 대통령을 비교하는 선호도 조사를 본격 실시하고 널리 보도하기 시작한 것도 사실이다. 87년 민주화 이후 박정희 정권의 경제모델을 찬양하던 박정희 신화화 담론이 1997년 IMF 경제위기 이후에는 박정희 정권의 공과(功過)를 함께 봐야 한다는 논리로 박정희 정권의 경제 모델을 기정사실로 하는 방향으로 확대 강화된 것 또한 맞다.

그렇지만 "민주화 이후에도 적지 않은 시민들이 권위주의적 지도자 박정희를 한국식 경제발전을 이루어낸 지도자로 평가하고 그 시대에 대한 향수를 느끼고 정치적으로 지지하는 현상"으로서의 박정희 노스탤지어를 박정희 신화화 담론의 결과만으로 이해하기에는 역부족이다. 유신정권 차원의 정당화 담론이든 민주정부의 취약성에 대한 정치적 반동으로서든 박정희 노스탤지어를 보수 언론과 정파에 의해 적극적으로 유포된 박정희 신화화 담론에 의한 것으로 국한하면 한 세대를 넘어 2022년 20대 대선까지 이어진 포괄적이고 지속적인 경향에 대한 해석이 불가능하기 때문이다.

롤랑 바르트가 언급했듯이 한 사회의 다수의 구성원이 믿는 '신화'는 단순히 텍스트 중심의 콘텐츠가 아니라 이미지나 상징, 그리움과 추앙 등 기존의 언어를 넘어서는 사회적 언어로서 자리한다.

일각에서는 박정희 신화화 담론을 박정희 노스탤지어와 동일
시하면서 퇴영적이고 반역사적인 현상으로 보는 비판적 관점에
서 박근혜 탄핵 이후 줄어든 박정희 전 대통령에 대한 선호도를
근거로 '박정희 신화는 끝났다'라고 주장한다. 그러나 다층적 현
상인 박정희 노스탤지어는 단순히 박정희 전 대통령 개인이나 체
제에 대한 회고적 지지나 선호가 아니기에 20대 대선 과정에서도
확인할 수 있었듯이 '박정희 신화(신드롬)'라는 말로는 가둘 수 없
는 포괄적이고 체계적인 현상으로 이어지고 있다. 규범적 관점을
떠나 한국 민주주의의 미래를 위해서는 박정희 노스탤지어를 객
관적으로 파악하고 들여다봐야 하는 이유가 여기에 있다.

노스탤지어 트라이앵글 PEP(The Nostalgia Triangle PEP)

박정희 노스탤지어라는 퍼즐을 제대로 맞추기 위해서는 퍼즐
을 이루는 핵심 그림부터 파악하는 것이 효과적이다. 지금까지 우
리 사회에서 박정희 전 대통령 관련 인식은 퍼즐의 핵심 그림이
아니라 주변부의 작은 그림 조각 하나를 전부인양 인식해 왔다.
박정희 관련한 많은 연구에도 불구하고 여전히 신드롬이나 신화
같은 퍼즐 조각만으로 전체 그림을 예단했을 뿐 제대로 맞춰진
적 없는 흩어진 퍼즐이다. 박정희 노스탤지어에 거부감을 가진 입
장에서는 박정희 부녀에 대한 열광적 추앙이나 편향된 지지로만

생각하기 쉽지만 이는 박정희 노스탤지어라는 퍼즐의 언저리를 채우는 작은 조각에 불과하다.

퍼즐의 핵심 그림은 앞서 소개한 박정희 노스탤지어의 정의에 담겨 있다. "민주화 이후에도 적지 않은 시민들이 권위주의적 지도자 박정희를 한국식 경제발전을 이루어낸 지도자로 평가하고 그 시대에 대한 향수를 느끼고 정치적으로 지지하는 현상"인 박정희 노스탤지어의 핵심 그림은 크게 3조각이다. 박정희 노스탤지어도 마찬가지다. 최소한 민주화 이후 수시로 호명되고 신화나 신드롬이라는 관점에서 다양한 연구들이 진행됐지만, 아직 핵심 그림에 대한 학문적, 정치 사회적 베일은 벗겨지지 않았다.

박정희 노스탤지어의 원천은 '한국식 경제발전 모델의 기획자'라는 역사적 저작권에 대한 시민들의 평가다('지속불가능한 발전의 유공자'). 2차 대전 이후 이른바 제3세계에서 경제발전을 이룬 나라들이 적지 않다. 하지만 글쓴이가 알기로는 어떠한 나라의 경우도 지도자의 이름을 딴 경제모델을 말하지 않는다. 이러한 면에서 박정희 모델은 예외라고 할 수 있다.

민주주의와 경제성장 간의 상관관계를 보여주는 여론조사 결과는 국민들의 인식을 고스란히 반영한다. 국민들 다수는 정부수립 이후 가장 자랑스러운 일로 민주주의 신장보다 경제발전을 꼽았다. 2008년 조사에서 61.7%가 경제발전을 선택하는데 비해 민주주의 신장을 꼽은 응답은 14.1%에 불과하였다(국민일보 2008/08/14). 2011년 조사에서도 58.75%의 응답자가 경제발전

이 더 중요하다고 대답했고, 민주주의가 더 중요하다는 응답은 23.32%에 불과하였다(아시안 바로미터(Asian Barometer Survey) 3차 조사).

경제발전에 대한 선호가 민주주의에 대한 선호를 훨씬 능가하는 일관된 경향은 한국 사회에 뿌리 깊게 자리한 경제성장우선주의의 실체를 보여준다. 이는 '한국인의 정체성 조사'[21]에서도 확인된다(동아시아연구원, 2005-2020). 2005년 조사에서 응답자의 90% 이상이 박정희 정부가 경제발전에 긍정적인 영향을 미쳤다고 답했다. 2010-2020년 조사에서도 미세하게 줄어들었을 뿐 여전히 90%대를 유지하였다. 특히 네 번의 조사 모두 절반 이상의 응답자가 박정희 정부가 경제발전에 '매우 긍정적인 영향을 미쳤다'고 평가하였다.

비교의 관점에서 볼 때 한국의 경제성장이 예외적으로 성공적이었던 것 못지않게 한국 민주주의는 가장 성공적인 민주주의 대표사례로 평가받고 있지만, 국민들의 평가는 경제성장에 집중되고 있다.

물론 박정희 시대의 압축적인 경제성장이 과연 박정희의 개인적 혜안이나 정권 차원의 정책 효과인가에 대해서는 대중적으로 알려진 것보다 다양한 이견이 존재한다. 이는 박정희에 대한 지지의 정당성이나 역사적 맥락에 대한 논의와 함께 각각의 주제만으로 심도 깊은 연구를 필요로 하는 중요한 주제지만 이 책의 논의 밖에 있다. 경제성장우선주의에 따른 한국식 경제발전의 배경이나 구체적 내용에 대해서는 다음 장에서 살펴보겠다.

거대한 뿌리: 박정희 노스탤지어

박정희 노스탤지어 퍼즐의 두 번째 핵심 그림은 박정희 노스탤지어를 가진 사람들이다. 이들은 단순한 박정희 지지그룹이 아니다. 박정희 노스탤지어를 퇴영적 현상으로 인식하는 사람들은 TK를 중심으로 한 중장년층의 회고적 현상으로 치부하기 쉽지만, 다음 여론조사 결과는 박정희 노스탤지어를 가진 사람들의 정치적 인식에 관한 흥미로운 분포를 나타낸다.

가장 민주적인 정부: 노무현 정부

'가장 민주적인 정부'와 '가장 비민주적인 정부'를 묻는 설문이 포함된 KDB 2010 조사에서 박정희 정부 지지자 중 절반에 약간 못 미치는 응답자(42.39%)가 가장 민주적인 정부로 노무현 정부를 선택하였다. 박정희 정부는 2위였지만, 노무현 정부를 선택한 응답자의 1/3에도 못 미쳤다(14.95%). 전체 응답자의 절반을 약간 넘는 51%가 노무현 정부를 가장 민주적인 정부로 선택한 것과 큰 차이 없는 패턴을 보인 것이다.

또한 박정희 정부 지지자 중 절반을 훨씬 넘어서는 58.15%가 민주주의에 대한 분명한 선호를 나타낸다. 반면 '상황에 따라 독재가 낫다(23.1%)'거나 '독재든 민주주의든 상관없다(11.96%)'는 응답자는 일부에 불과하였다.

가장 비민주적인 정부: 전두환, 박정희 정부

KDB 2010 조사에서 특히 눈길을 끄는 점은 가장 비민주적인 정부에 대한 응답경향이다. 박정희 정부 지지자들의 2/3가 약간 넘는 68.85%가 전두환 정부를 가장 비민주적인 정부로 꼽았는데, 2번째로 꼽은 것이 자신들이 지지하는 박정희 정부다. 비록 8.15%에 불과하지만, 전체 응답자와 유사한 경향으로 전두환 정부에 이어 자신들이 지지하는 박정희 정부를 두 번째 비민주적인 정부로 인식하고 있다는 것은 무슨 의미일까?

같은 조사의 권위주의적 정향을 측정하는 3가지 차원의 응답경향에서 답을 추론할 수 있다. 앞에서 살펴본 대로 군대의 통치, 강력한 지도자 결정 선호 여부, 일당체제에 대한 선호 여부 등 3가지 항목에서 전체 응답자와 박정희 정부 지지자 모두 동일하게 압도적인 반대를 하였다. 군대 통치에서 각각 91.19%와 87.11%, 강력한 지도자의 결정 선호에서 각각 89.34%와 84.03%, 일당체제에 대한 선호 여부에서 각각 92.26%와 89.3%의 압도적 반대를 하였다. 앞의 전체 응답자의 뒤의 박정희 정부 지지자 간의 차이는 2.96%에서 5.31%로 미미한 수준이었고, 무엇보다 응답 패턴이 동일하게 나타났다. 즉, 박정희 정부 지지자들은 전체 응답자와 마찬가지로 압도적으로 반反권위주의적 정향을 갖고 있는 것을 확인할 수 있다. 이렇게 민주주의 친화적인 정향과 선호를 가진 시민들의 박정희 노스탤지어를 퇴영적 현상이나 정치적 동원에 의한 신화(신드롬)로만 국한할 수 없는 이유다. 무엇보다 박정희 노스탤지어는 단순하고 일방적인 지지가 아니라 나름대로 정부 간 수행력을 비교 판단한데 따른 지지일 가능성이 크다는 점을 확인할 수 있다.

또 하나의 흥미로운 점은 박정희 노스탤지어의 광범위한 지역적 지지기반과 지지자들의 이념적 다양성이다. KDB 2010에 따르면 박정희의 정치적 라이벌, 김대중의 정치적 기반인 호남출신 응답자(181명) 중 1/4이 넘는 응답자(26.52%/48명)가 박정희 정부를 가장 좋은 정부로 선택하였다. 이와 비슷하게 민주당 지지자(264명)의 1/4에 가까운 응답자(23.86%/63명)가 박정희 정부를 가장 좋은 정부라고 인식하고 있었다.

다른 여론조사와 비교해도 결과는 유사하다. 건국 이후 정부 평가에 대한 한 언론사의 여론조사에 따르면 박정희는 전반적인 국가발전에 기여한 대통령으로 79.8%의 지지를 얻어 압도적 1위를 차지하였다. 2위 김대중은 6.8%의 지지만을 얻었다. 눈길을 끄는 점은 호남지역 응답자의 절반이 넘는 55.3%가 박정희를 선택하였다는 것이다(서울경제, 2008/01/01). 1971년 제7대 대선에서 파격적인 공약('미일중소 4개국에 전쟁억제 보장 요구', '노사공동위원회 설치', '향토예비군 폐지' 등)으로 전국적 돌풍을 몰고 왔던 김대중이 부정선거 논란 속 낙선한 이래 유신정권에 의해서 생사를 넘나드는 고난을 겪었다는 것을 고려할 때 주목할 만한 결과다.

[그림 2-4] 1971년 대통령선거에 출마한 김대중과 박정희

출처: 중앙선거관리위원회 사이버역사관. "대한민국선거사: 제7대 대통령선거."
http://museum.nec.go.kr/museum2018/bbs/2/1/1/20170912155756377100_
view.do?bbs_id=20170912155756377100&article_
id=2017120814103104410&article_category=1&imgNum=%EB%8C%80%E
D%86%B5%EB%A0%B9%EC%84%A0%EA%B1%B0%EC%82%AC(검색일:
2022/10/19).

박정희 정부에 대한 지지가 보수의 전유물이 아니라는 사실도
흥미롭다. KDB 2010 조사는 10점 척도(1.매우 보수-10. 매우 진보)로
이념을 측정했는데, 전체 응답자의 이념 평균은 5.471로 약간 진
보 쪽으로 기운 것으로 나타났다. 이에 반해 박정희 지지자의 평
균은 5.099로 전체 평균에 비해 약간 보수 쪽으로 기울었다. 이런
상황에서 진보적적인 응답자(이념의 7-10)의 1/3에 약간 못 미치는
29.57%가 박정희 정부를 가장 지지하는 정부로 선택했다. 박근혜
후보와 문재인 후보가 양자 대결로 맞붙었던 지난 2012년 18대
대선에서 진보적인 유권자의 43.5%가 박정희 전 대통령에 대해

서 호감을 가지고 있었던 것으로 나타난(강원택 2013)[22] 것과 유사한 맥락으로 여론조사의 시기나 설문 특성 등의 여러 변수를 고려하더라도 지속적인 경향성을 무시할 수 없는 대목이다. 일각의 주장처럼 설령 일부 정치적 동원이 있다 할지라도, 전반적으로 볼 때 박정희 지지자들은 김대중 노무현 정부가 이룬 민주적 성취와 박정희 정부에 대한 지지를 구분하는 분화된 지지양상을 보이고 있다고 평가할 수 있다. 이러한 조사 결과는 1장에서 확인한 세대별 특성과 함께 박정희 노스탤지어를 가진 사람정파와 세대, 지역을 초월하여 고루 존재한다고 볼 수 있다.

박정희 노스탤지어 퍼즐의 세 번째 핵심 그림은 특정 시기나 특정 세력에 의한 일시적 현상이 아니라 지속적인 지지 경향이라는 점이다. 이를 통해 박정희 노스탤지어 트라이앵글은 다음과 같은 구조도로 표현할 수 있다.

[그림 2-5] 박정희 노스탤지어 트라이앵글 PEP

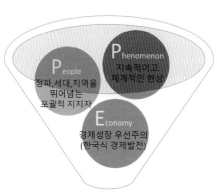

박정희 노스탤지어의 다층적 층위를 만나보기 위해 박정희 노스탤지어가 자리를 잡은 뿌리를 헤아려 볼 차례다.

제3장

뿌리
어디에서 왔는가?

공화국의 그림자

박정희 노스탤지어는 한국 민주주의에서 배태(胚胎)된 현상이기에 그 뿌리를 헤아리려면 우선 한국 민주주의 역사를 돌아봐야 한다.[23] 민주주의에 대한 수많은 정의가 있다. 그럼에도 가장 기본적인 정의는 주권이 국민에게 있는 정치체제를 의미한다(주권재민). 우리나라도 헌법 제1조를 통해 "①대한민국은 민주공화국이다. ②대한민국의 주권은 국민에게 있고 모든 권력은 국민으로부터 나온다."를 분명히 하고 있다. 박근혜·최순실 게이트로 열린 촛불 광장에서 터져 나온 구호는 '대한민국은 민주공화국이다'였고 가장 상징적인 구호는 '내가 나를 대표한다'였다.

지금은 당연시되고 있는 민주공화국은 물론 그냥 주어지지 않았다. "민주주의는 피를 먹고 자란다"는 말처럼 자유, 평등, 박애와 같은 민주주의의 기본 가치가 보편화되기 까지 인류 역사는 희생과 투쟁의 연속이었다. 영국의 명예혁명, 미국의 독립혁명, 프랑스의 대혁명 등 민주주의를 향한 인류사의 여정은 수많은 사람이 목숨을 바쳐 일궈 온 피의 역사였다.

우리의 역사 또한 마찬가지다. 주권이 국민에게 있는 민주공화국을 천명한 대한민국 헌법 제1조의 원천은 1919년 3·1독립운동으로 수립된 상하이 임시정부의 '대한민국 임시헌장'이다. 우리나라 최초의 성문법인 대한민국 임시헌장은 국호를 대한민국으로 정하고, 헌법 제1조에서 '대한민국은 민주공화제로 함'이라고 명확하게 천명하였다. 대한민국 임시헌장은 1948년 제헌헌법부터 현재까지 불변의 1조로 한국 민주주의의 바탕을 이루고 있지만 즉각적으로 제도화되지 못했다. 제도로서 민주주의가 전국단위에서 실제 도입되고 실시된 것은 미군정기(1945/9/9-1948/8/15)다. 이후, 1948년 제헌의회 선거(5/10)를 통해 구성된 제헌 국회에서 제헌헌법 만들어 공포하였다.

제헌헌법은 헌법제정의 주체와 제정 과정에서 중대한 문제를 안고 있었음에도 헌법 전문에서 대한민국의 역사적 정통성을 명확히 밝히고 있다. "유구한 역사와 전통에 빛나는 우리들 대한민국은 기미 삼일운동으로 대한민국을 건립하여 세계에 선포한 위대한 독립정신을 계승하여 이제 민주 독립 국가를 재건함에 있어서"가 그것이다.

대한민국 임시헌장에서 또 하나 기억해야 할 점은 단결권·단체교섭권·단체행동권과 함께 이익균점(均霑)권을 국민의 기본권으로 보장한 점이다. 노동 3권을 넘어 노동 4권을 보장한 제18조는 현재의 시각에서 보더라도 국민의 기본권을 광범위하게 보장한 것으로, 당시의 시대적 배경과 신생 독립국의 헌법임을 생각하면 놀라울 정도로 혁신적인 내용이지만 실현되지 못했다.

거대한 뿌리: 박정희 노스탤지어

한국 민주주의 제도화 과정에서 기억해야 할 몇 가지 특징이 있다. 우선 한국 민주주의는 서구처럼 아래로부터의 치열한 투쟁을 통한 역사적 산물이 아니라 엘리트들의 결정과 타협에 의해 위로부터 정해졌다는 특징을 갖고 있다. 외부로부터 이식된 민주주의는 1987년 6월항쟁을 통해 민주주의로 이행할 때까지 대부분의 시간 동안 권위주의 통치로 이어졌다.

한국전쟁과 같은 국가적 위기 상황에서도 민주주의의 기본적인 틀이 유지되었다(임혁백 2014)[24]는 점 역시 특징적이다. 한국전쟁이 교착 국면을 맞이하던 중에 실시된 제2대 대통령 선거(1952/8/5)가 대표적이다. 제1대 대통령선거는 제헌헌법에 따른 간접선거였다. 1946년 6월 3일 정읍 발언으로 남한만의 정부수립을 촉발한 이승만은 1948년 7월 20일 제헌국회에서 간접선거를 통해 초대 대통령에 선출되었다. 그러나 정권 수립 이후 국회와 심각한 갈등을 겪던 이승만은 한국전쟁 와중에 피난 수도 부산에서 직선제 개헌을 시도함으로써 집권 연장을 꾀했다. 이승만 정권은 계엄령을 선포한 후 무장경관과 헌병을 동원하여 이른바 발췌개헌안을 통과시켰다. 대한민국 정부수립 이후 첫 번째 헌법 개정으로, 사실상 정치 쿠데타였던 이 사건은 '부산정치파동' 중 이루어졌다.

한국전쟁 중 임시수도였던 부산에서 폭력을 동원하여 강제로 국회의원을 연행·구속한 부산정치파동 한 달 만에 직접 선거로 치러진 제2대 대통령선거에서 이승만은 재선에 성공했다. 당시 투표율은 한국 전쟁 중임에도 불구하고 88.1%를 기록했다.

전쟁 중에도 민주주의의 외형적 기본 틀이 유지되던 한국 민주주의의 역사에 두 번의 예외적 시기가 있었다는 점 역시 기억해야 할 특징이다. 첫째 시기는 박정희와 전두환이 불법적인 쿠데타로 정권을 장악했던 기간이고, 두 번째 시기는 유신헌법을 통해 합법적인 외피를 걸친 유신체제 기간이다.

한국 민주주의의 역사 속에서 두 번의 예외적 시기 모두에 박정희 전 대통령이 자리하고 있다는 점은 한국 민주주의와 박정희 노스탤지어의 미묘한 관계를 돌아보게 한다. 1961년 박정희가 이끄는 군부가 5·16 군사 쿠데타를 통해 정권을 장악하고 군정을 실시하였고, 1980년 전두환이 이끈 신군부가 12·12 사태와 5·17을 통해 정권을 장악했던 기간은 한국 민주주의 역사에서 민주적 기본 틀을 벗어난 불법의 시기였다. 반면 유신체제는 이러한 군부 통치 기간과는 달리 유신헌법이라는 합법적 외피를 둘렀다. 3선 개헌과 1971년 제7대 대선을 통해서 집권 연장에 성공한 박정희 정권은 이듬해인 1972년 11월 21일 국민투표를 거쳐 유신헌법을 확정하였다. 유신헌법은 민주적 외피를 둘렀지만, 대통령에게 사실상 무제한의 절대반지를 부여했다. 대통령은 국회의원의 1/3을 추천할 수 있었고 법관을 임명할 수 있었으며 국회 해산권을 보유하게 되었다. 또한 긴급조치권 발동권을 가지며, 임기 6년의 대통령직을 제한 없이 연임할 수 있게 되었다. 유신헌법으로 대통령은 행정·사법·입법을 총괄하면서 무제한 연임이 가능한 절대 권력을 가지게 된 것이다.

그 어떤 상황에서도 선거가 유예 없이 실시되었다는 점 또한 기록할만한 특징이다. 권위주의 통치자에게 선거는 정권 연장의 명분이었지만 국민에겐 정권 심판의 기회였다. 한국전쟁이나 쿠데타 등 과거의 격변기는 물론 전 세계를 휩쓴 코로나 팬데믹 국면에서도 선거는 예정대로, 과거보다 더 성공적으로 치러졌다. 2020년 4월 15일 총선 투표율이 2천년 이후 최고치인 66.2%를 기록하면서 국제 민주주의와 선거 지원 기구인 IDEA로부터 "전 세계에 중요한 성찰과 교훈을 제공했다"는 평가를 받을 정도였다. 한국의 오랜 권위주의 통치하에서 선거는 관권·부정선거로 결과가 왜곡되는 일이 다반사였지만, 국민들은 선거를 통해 꾸준하게 정치적 저항을 표출해오면서 통치자들 역시 정권 유지를 위해서라도 선거를 중요하게 여기게 됐다. 한국의 권위주의 통치자들은 제도적 민주주의 도입 이후에도 온갖 불법과 탈법적 방식을 동원하여 선거를 통해 정권을 유지하고자 하였다. 때로는 합법적인 외피를 두르면서 정권 연장을 시도하기도 하였지만, 그 어떤 경우에도 선거는 유예되지 않았다. 유신체제처럼 민주적 대표체제가 왜곡되고 삼권분립이 침해되는 '예외상태'에서도 경쟁적 선거는 유지되었다. 12·12 쿠데타와 광주학살을 딛고 정권을 장악한 신군부의 5공화국에서도 비록 충성스러운 관제야당(royal opposition)이었지만 선거의 상대는 존재하였다.

권위주의 정권이 모든 관권을 동원해서라도 선거 결과에 영향을 미치고자 했던 이유는 역설적으로 선거가 그만큼 그들의 정권 유지에 중요했다는 것을 의미한다. 주권자들이 선거를 통해 정치적 저항을 지속해왔기 때문에 선거 과정이 불법·탈법으로 얼룩지더라도 결과를 통해 정치적 정당성을 확보하고자 하였다.

우리 역사상 두 번째이자 휴전 이후 첫 직접 선거로 치러진 제3대 대통령 선거(1956/5/15)는 투표로 표출된 저항적 민심을 확인할 수 있는 대표적 사례였다. 한국 전쟁 후 사사오입 개헌(1954/11/29)으로 영구 집권을 꾀하던 이승만 정권은 제 3대 대선에서 커다란 국민적 저항에 직면하였다. '초대 대통령에 대한 중임重任 제한을 철폐 한다'는 내용의 사사오입 개헌을 통해 헌정사에 오점을 남기면서 집권 연장을 꾀했던 이승만 정권은 들불 같은 개헌 반대 여론에 직면하였고, 당시 전국적으로 행해진 관권 선거에도 국민들은 94.4%의 압도적인 투표율을 통해 저항적 주권의식을 표출하였다. 집권 여당이 공권력을 총동원한 부정선거를 광범위하게 자행하였음에도 국민들은 진보당 추진위 후보로서 사실상 무소속이었던 조봉암에게 210만 여 표(득표율 30.01%)를 몰아주었다. 대통령선거와 함께 치러진 제4대 부통령 선거에서 국민들은 자유당의 이기붕을 낙선시키고 민주당의 장면 후보를 당선(득표율 46.43%)시켰다. 특히 당시 야당인 민주당의 '못살겠다 갈아보자'라는 구호는 최근까지도 화제가 될 정도로 선거를 통한 주권자의 저항의식을 대변하는 상징적 메시지로 자리매김하였다.

[그림 3-1] 제3대 대통령 선거 당시 화제가 되었던 민주당 구호

출처: 중앙선거관리위원회 사이버선거역사관. "대한민국선거사. 제3·4대 정·부통령 선거."
http://museum.nec.go.kr/museum2018/bbs/2/1/1/20170912155756377100_view.
do?bbs_id=20170912155756377100&article_id=20171208135727496100&article_ca
tegory=1&imgNum=%EB%8C%80%ED%86%B5%EB%A0%B9%EC%84%A0%
EA%B1%B0%EC%82%AC(검색일: 2022/10/19).

민주당 신익희 후보의 한강 백사장 연설을 듣기 위해 30만 명
이 운집하였고, 이틀 뒤 유세를 위해 이동하다 급서(急逝)한 신익희

후보의 지지표로 해석될 수 있는 무효표가 서울에서만 이승만보다 8만표나 더 많았다(서울의 유효투표율은 단지 53.3%에 그쳤다). 부산 정치파동을 통해서 정권 연장을 기도했던 이승만 정권은 사사오입(四捨五入) 개헌과 3·15 부정 선거를 자행하면서 종말을 앞당겼다.

결국 4·19 혁명과 이승만의 하야를 거치면서 대한민국 헌정사의 출발인 제1공화국이 막을 내린 후 처음으로 합헌적인 절차를 거친 개헌을 통해 의원내각제를 주요 내용으로 하는 제2공화국이 출범했다. 하지만, 집권당인 민주당은 윤보선 대통령이 대표하는 구파와 장면 총리가 대표하는 신파간의 갈등으로 극심한 혼란에 시달렸다. 결국 5·16 군사 쿠데타에 의해 제2공화국은 11개월 만에 막을 내렸다.

제3공화국은 제5대 대통령선거(1963/10/15)에서 박정희를 대통령으로 선출하면서 정식 출범하였다. 제3공화국 헌법은 4년 대통령의 임기를 1차에 한하여 중임할 수 있도록 하였지만, 박정희는 정권 연장을 위해 3선이 가능하도록 헌법을 개정하였다. 이를 위해 여당은 야당 의원을 위협하여 개헌 지지선을 확보하고 대한반공연맹 등 사회단체들을 동원하여 개헌 지지 성명을 발표하게 하였다. 야당인 신민당은 범국민투쟁위원회를 열고 개헌반대 투쟁에 나섰고 전국 대학가에서는 연일 3선개헌 반대 시위가 벌어졌지만 결국 1969년 국회 별관에서 개헌안을 변칙 통과시키면서 박정희 대통령의 장기집권 문호가 열렸다.

[그림 3-2] 3선 개헌 반대 시위

쿠데타를 통해서 대의 체제가 변형되었던 유신정권 시기에도 국민들은 예외 없이 선거를 통해 지속해서 정치적 저항을 표출하였다. 제4공화국 유신체제에서 처음으로 치러진 제9대 국회의원 선거(1973/2/27) 결과만 보더라도 국민들의 비판적 표심을 확인할 수 있다. 제9대 국회의원 선거는 유신헌법에 따라 총 219명을 선출하였는데 그 중 1/3(73명)은 대통령이 사실상 임명(유신정우회)하고 나머지 2/3(146명)는 전국 73개 지역구에서 선거구당 2명을 선출하는 중선거구제로 치러졌다. 최소한 여야 동반 당선이 보장되는 변형된 선거제도와 선거구 획정의 게리맨더링을 통하고서도 민주공화당은 146석의 지역구 의석 중에서 73석을 얻는 데 그 쳤다. 정당 득표율을 보면 국민들의 표심을 더 잘 확인할 수 있다. 민주공화당은 전체 유효 득표 가운데 38.7%를 얻는데 그쳐 신민 당과 민주통일당이 얻은 42.6%(신민당 32.5%+민주통일당 10.1%)에 훨씬 못 미쳤다.

유신체제 마지막 국회의원 선거였던 제10대 국회의원 선거 (1978/12/12)결과는 표심에 담긴 민의를 한층 더 강력하게 확인 할 수 있다. 중선거구제를 유지한 가운데 유신정우회(77명)와 지 역 선거구(154명)를 다소 늘렸지만, 민주공화당은 전체 지역구 의 석의 절반에도 못 미치는 68석을 얻는 데 그쳤다. 반면 제1야당인 신민당은 민주공화당 의석에 근접하는 61석을 얻었다. 득표율을 살펴보면 민주공화당은 유효 득표율의 31.7%를 얻는데 그쳤지 만, 신민당은 32.8%를 얻어 제1야당의 득표율이 (권위주의) 집권당 의 득표율을 앞지르는 결과를 낳았다.

한국의 권위주의 통치체제가 최소한 선거제도를 유지했다는 사실은 박정희 노스탤지어의 역사적 조건으로서 어떻게 기능했 는가? 다음과 같은 추론이 가능하다. 서구와 달리 한국은 정치적 기본권인 투표권을 쟁취하기 위한 치열한 투쟁 없이 (최소한 형태 적 수준에서) 완벽한 투표권을 광복과 함께 만끽했다. 이는 서구 민 주주의와 비교해도 매우 빠른 것이었다. 한국의 여성은 1948년 제헌의회 선거에서 제한 없는 투표권을 향유했다. 미국의 여성 참 정권은 1920년 수정헌법 제19조 통과로 전국적으로 보장되었다.

더구나 세계에서 가장 오래된 민주주의 국가 중의 하나인 스위스에서는 여성들이 1972년 공식적으로 투표권을 얻었다.

한국은 참정권을 위한 치열한 투쟁과 희생 없이 민주주의 역사와 투쟁에 비해서 상대적으로 조숙한 민주주의 제도를 향유했다. 광복후 12년 동안 그리고 이후 사반세기 동안 지속되었던 권위주의 체제 기간 동안에도 국민들의 비판적 의사가 표출될 수 있는 야당이 불법화 되지는 않았다. 최소한 정치적 의사 표현의 통로가 보장된 것이다. 이러한 역사적 조건은 많은 국민들이 우리곁에 대부분의 시간 존재했던 민주주의의 성취에 대해서는 당연시 하고 그다지 높은 평가를 내리지 않는 배경이 되었다.

1948년 정부 수립 후 최대 업적에 대한 여론조사를 통해 실마리를 찾아볼 수 있다. 동아일보가 실시한 '건국 60주년 신년 여론조사(코리아리서치센터KRC, 2007/12/26-27, 전국 성인 2,000명 대상)에 따르면, 정부수립 이후 가장 큰 업적으로 경제성장을 선택한 응답자는 57.5%로 1위를 기록했다. 반면에 정치적 민주화를 선택한 응답자는 4위에 그쳤다(11.3%)(동아일보 2008/01/01).

한국형 경제성장 모델의 핵심 요소는 재벌중심의 성장모델이었다. 재벌 중심의 성장 모델은 한국 사회에 많은 부정적 유산을 남겼다. 하지만 경제성장 자체로 본다면 전례 없는 성공모델임에는 틀림이 없다. 경제성장을 본격적으로 시작했던 1960년대 가장 가난한 나라 중의 하나였던 한국은 2022년 세계 10권 경제대국으로 성장했고 선진국의 지위에 올랐다.

한국의 성취는 경제 성장에만 머무르지 않는다. 권위주의 시기 위로부터 권위주의적 동원을 통해서 급속한 경제성장을 이룩했으며 이후 민주화에 성공했다. 한국은 세계시간으로 볼 때 그다지 빨리 민주화의 흐름에 동참하지는 않았다. 하지만 제삼의 물결을 통해서 민주주의로 이행한 국가 중에서는 가장 성공적인 사례로 평가된다.

그럼에도 불구하고 한국의 시민들은 경제성장의 성취는 매우 높게 평가하면서도 민주주의 성취를 그만큼 평가하지 않는다. 이러한 차이는 일종의 기저효과(base effect)의 차이로 설명할 수 있다. 출발선이 너무 달랐기 때문에 경제 성장을 훨씬 더 높게 평가 하고 있는 것이다.

전두환 정권의 이중적인 역할에도 주목할 필요가 있다. 박정희 정권이 비극적으로 몰락한 후 12·12 쿠데타와 광주항쟁을 무참히 진압하고 집권에 성공한 전두환 정권은 박정희 식 경제발전 모델을 유지했다. 8번째 헌법 개정을 통해 제5공화국의 문을 연 전두환 정권은 집권 기간 동안 박정희 정권과 비슷하게 고도성장(연평균 9.94%)을 기록했다. 정의사회 구현이라는 배반적인 구호를 내세워 유신체제와 단절을 추구했던 전두환 정부하에서 박정희 경제 체제는 유지되었다. 강력한 권위주의 체제였던 전두환 정권의 인상적인 경제성장 실적은 한국사회에 자리하고 있던 경제성장 모델로서의 박정희 모델의 헤게모니를 강화 시켰다.

또한, 전두환 정권은 간접적 방식으로 박정희 노스탤지어 확산에 기여했다. 잘 알려져 있듯이 전두환 정권은 위수령과 긴급조치로 상징되는 박정희 정권을 능가하는 강성 권위주의 정권이었다. 광주의 저항을 피로 진압하고 집권의 길을 열었다.

전두환 정권은 한국 현대 역사상 가장 최악의 국가 폭력 사례인 광주항쟁의 유혈진압을 자행하고 집권에 성공했다. 광주의 진실 찾기는 여전히 진행 중이다. 광주항쟁 관련 4개 단체 ((사)5·18 민주 유공자 유족회, (사)5·18 민주화 운동 부상자회, (사)5·18 유공자동지회, (재)5·18 기념 재단)에 의해 2005년까지 확인된 관련 사망자만 606명(165명 항쟁 당시 사망자, 행방불명자 65명, 부상이후 사망 추정자 376명)이었으며 구속 연행자수도 1,394명에 달했다(노컷뉴스 2005/05/13).[25]

박정희 정권을 승계한 전두환 정권이 국민의 저항을 무참히 진압하고 학살하면서 집권하였다는 사실은 역설적으로 결코 덜 폭압적이지 않았던 박정희 정권의 폭압성을 희석시키는데 기여했다. 이 주장을 직접 확인할 수 있는 여론조사는 존재하지 않는다. 하지만 몇가지 자료를 통해서 실마리를 찾을 수 있다.

한국 민주주의 바로미터(KDB)의 2010년도 조사에 따르면 가장 비민주적인 정권으로 전두환 정권을 선택한 응답비율은 절반이 넘는 54.78%(540명)에 달했다. 가장 나쁜 정권으로 전두환 정권을 선택한 응답자도 32.57%였다. 반면 박정희 정권을 가장 비민주적인 정권이라고 선택한 응답자는 16.14%에 지나지 않았으며 가장 나쁜 정권으로 선택한 비율도 3.09%에 불과했다. 전두환 정권에 대한 부정적인 평가가 박정희 정권에 대한 비판적 인식을 가린 것이다. 같은 조사에서 이를 확인할 수 있다. 전두환 정부가 비민주적이라고 응답한 응답자(540명)중에서 박정희 정부가 비민주적이라고 답한 응답자는 (놀랍게도) 아무도 없었다. 전체 응답자 중에서 박정희 정부가 비민주적이라고 응답한 응답자(162명)에 비해서 전두환 정부의 역할을 극명하게 확인할 수 있다.

이와 같이 전두환 정권이 박정희 정권을 계승했다는 한국 권위주의 정권의 계보가 박정희 정권의 비민주적 측면을 과소평가하고 박정희 정권의 경제적 실적을 과대평가하는 역사적 배경이 되었다.

[그림 3-3] 6월 항쟁 당시 시청 앞에 모인 시민들

출처: 오픈아카이브. "시청 앞을 가득 메운 이한열 열사 노제를 지내려는 학생과 시민들." https://archives.kdemo.or.kr/isad/view/00701512(검색일: 2022/10/20).

1987년 6월 10일부터 6월 29일까지 대한민국 전역에서 벌어

진 반독재 민주화 운동인 6월 항쟁에는 전국에서 약 100만 명이 참여한 것으로 추산됐지만, 민주화 과정은 6월 항쟁의 격렬한 분위기와는 달리 평화적으로 이루어졌다.

한국의 민주화는 학생운동을 중심으로 하는 사회운동에 의해 추동되었지만, 정치엘리트 간 협약의 과정을 통해 제도화(pacted transition)되었다. 협약을 통한 민주적 이행은 아래로부터의 시민 봉기에 의한 민주적 이행 방식 보다 상대적으로 평화적인 방식으로 민주화가 이루어진다는 장점이 있다. 반면, 협약을 통한 민주적 이행은 여야의 정치적 카르텔을 형성함으로써 사회의 중요한 행위자들을 배제하고 과두제로 흐를 경향이 크다.

1987년 6월 29일 당시 노태우 민주정의당(민정당) 대표위원이 국민들의 민주화와 직선제 개헌요구를 받아들여 수습안(6·29 선언)을 발표한 이후 제6공화국의 새 헌법 개정을 위한 국민투표로 1987년 10월, 마침내 5년 단임제의 대통령 직선제 개헌이 이루어졌다. 그러나 6월 항쟁으로 쟁취한 제6공화국의 헌법제정 과정은 시민사회의 주요 행위자가 배제된 채 여야의 주요 계파를 대리하는 8인 정치회담이 지배하였다.

6월 항쟁은 군사독재정권이었던 제5공화국의 몰락을 초래했지만, 민주화 이후 최초로 실시된 정초선거(founding election)에서 야권의 분열로 노태우 후보가 당선됨으로써 군부 권위주의 세력은 정권연장에 성공하였다.

반면, 이듬해 실시된 제13대 국회의원 선거(1988/4/26)는 여소

야대의 결과를 낳았다. 집권 민주정의당은 전체 299석 가운데 단지 125석을 얻는데 그쳐 과반수에 미달하였다. 제1야당은 70석을 얻은 김대중의 평화민주당이 차지하였다. 김영삼이 이끌었던 통일민주당은 59석, 김종필의 신민주공화당은 35석을 얻었다. 여소야대 4당 체제의 제13대 국회는 광주민주화운동 진상조사 특위를 구성하고 5공비리 청문회를 실시하였으며 국정 감사제의 부활과 헌법재판소 설치와 같은 개혁 입법을 처리하였다.

정권 재창출에 성공하였으나 제13대 국회의원 선거에서 국민들의 저항에 직면한 집권 세력은 변형주의(transformismo) 전략을 통해 개헌 의석을 초과하는 거대 집권 여당(민주자유당)을 탄생시켰다.

[그림 3-4] 3당 합당(1990년 1월 22일)

출처: 중앙선거관리위원회. 2009. 『大韓民国政党史 : 1988.2.25-1993.2.24 . 第4輯』. p26.

거대한 뿌리: 박정희 노스텔지어

3당합당을 통한 민자당 창당은 신군부 계승세력과 민주화운 동의 한 축을 대표했던 정치세력(통일민주당), 그리고 산업화를 이루었다고 자부하는 박정희 정권의 후예(신민주공화당) 간의 인위적인 정계개편이었다. 민자당은 창당 후 치러진 제14대 국회의원 선거에서 시민들의 저항에 직면하면서 박정희 체제에 버금가는 헤게모니(hegemony)[26] 창출에는 실패했다. 하지만 민자당의 창당으로 보수 정치 세력은 정치·사회·경제 등 거의 모든 영역에서 압도적인 영향력을 행사하는 유사-헤게모니(pseudo-hegemonic) 체제를 만드는 데 성공하였다.

협약에 의한 민주화라는 이행 방식(model of transition)은 박정희 노스탤지어 출현의 역사적 배경으로 어떻게 작용했나? 가장 중요한 영향력은 박정희 계승세력의 정치적 부활이다. 신군부는 집권과 함께 박정희 유신정권과의 정치적 단절을 추구했다. 유신체제의 중심 세력은 정치적으로 유폐되었다. 하지만 여야간 타협에 의한 민주화는 이들에게 새로운 기회를 제공했다. 민주화를 통해서 복권되었던 유신 계승세력은 정초선거(founding election)이라고 할 수 있는 두 번의 선거(제13대 대통령 선거와 제13대 국회의원 선거)를 통해서 정치적으로 부활했다. 과거와 단절하지 못했던 민주화 방식은 박정희 후예들을 정치적으로 부활시켰고 더구나 3당합당으로 이들은 집권 세력의 중요한 한축이 되었다.

유신의 후예들이 민주화와 함께 정치적으로 부활할 수 있었던 데에는 타협에 의한 민주적 이행 양식만 기여한 것은 아니다. 민주적 개방이 이루어졌을 때 이들이 일정한 정치적 영향력을 가진 세력으로 등장할 수 있었던 것은 과거의 유산 덕이라고 할 수 있다.

권위주의 계승정당(authoritarian successor parties)이 민주화 이후에도 중요한 정치적 행위자가 되는 현상은 한국만이 아니다. 세계 여러 곳에서 유사한 현상을 찾을 수 있다. 폴란드의 민주좌파연맹(Democratic Left Alliance), 타이완의 국민당, 멕시코의 제도혁명당(Institutional Revolutionary Party), 볼리비아의 민족주의 민주행동(Nationalist Democratic Action), 가나의 국가민주의회(National Democratic Congress)등이 그것이다(Loxton 2015; Loxton and Mainwaring 2018).[27]

권위주의 계승 정당의 부흥에는 다양한 요인이 작용하는데, 록스톤(Lonxton 2015)은 5가지 요인을 권위주의적 유산(the authoritarian inheritance)으로 개념화하였다. 1)정당브랜드(a party brand), 2)영토적 조직(a territorial organization), 3)후견주의적 네트워크(clientelistic networks), 4)정당 재정의 원천(a source of party finance), 5)정당응집력(a source of party cohesion)이 그것이다. 한국의 경우, 정당 브랜드의 영향력이 권위주의 계승 정당의 부흥에 기여 한 대표적인 사례라고 할 수 있다.

두 번째 기능은 정당성이 취약했던 신군부에 기원을 두었던 집권세력이 3당합당으로 역사적 정당성을 보완 할 수 있는 정치적 자산을 확보했다는 것이다 3당 합당으로 보수세력은 대동단결하게 되었으며 자칭 산업화의 주역이 민주화에 기여한 세력으로 주장 할 수 있게 되었다. 실제로 국민의 힘 계열 보수 정당은 이승만·

박정희를 넘어서 김영삼 까지 중요한 보수의 뿌리로 받들어 왔다.

민주화 이후 제도화된 지역정당 체제로 인해 '민주 대 반민주'의 지배적인 균열구조가 지역균열로 재편되었지만, 3당합당 이후 정치적 대립구조는 '민주화세력 대 산업화 세력'이라는 구도로 자리 잡았다. 정당성이 취약했던 5공화국 계승 정당인 민정당이 3당합당으로 '과거의 성공'으로부터 정당성을 빌려올 수 있게 된 것이다.

'잘 살아보세' 우상

박정희 정부 18년 동안 한국의 평균 경제성장률은 10%에 육박했다. 이 시기는 성장과 분배(growth and equity)의 결합이 가능했던 예외적인 기간이었다.

박정희 시절의 경제성장의 배경과 공에 대한 다수의 이견이 존재하지만 박정희 노스탤지어와 관련하여 중요한 점은 경제성장을 위한 수출 전쟁의 야전 사령관으로서의 박정희의 공이 객관적으로 어느 정도 되느냐는 것이 아니다. 박정희 노스탤지어의 핵심은 다수의 국민이 박정희 시대는 고도성장의 시대였고, 박정희는 인권 탄압과 권위주의 통치라는 어두운 면에도 불구하고 한국을 가난으로부터 탈피하여 경제발전을 이룰 수 있도록 이끌어준 지도자라고 평가하고 있다는 점이다. 한국형 경제발전 모델의 성공을 통해서 산업화를 이룩한 경험 때문이다. 이는 그 자체로 경로 의존적(path dependent) 경향을 보인다. 박정희 정권의 비극적 종말 이후 12·12 쿠데타와 광주항쟁의 잔혹한 진압을 딛고 집권한 전두환 정권하에서도 박정희 시기 경제발전 모델의 영향력을 지속되었다. 전두환 정권의 경제성장률이 박정희 정권기에 버금가는 평균 10% 가까운 기록(9.9%)을 보였다는 점은 중요한 사실이다. 많은 시민이 전두환 정부를 광주학살과 삼청교육대로 상징되는 음습한 이미지로 기억하면서도 '5공 시절 경제는 좋았다'라고 회상하는 근거다.

전두환 정부의 경제운영 능력에 대한 국민의 긍정 평가를 확인할 수 있는 여론조사는 이를 뒷받침한다. 이명박 정부의 등장과 함께 실시된 한 여론조사(서울경제 2008/01/01)에서 압도적으로 많은 응답자(81.7%)가 경제발전에 기여한 대통령으로 박정희 전 대통령을 선택했다. 이어 전두환 전 대통령이 박정희 전 대통령 지지와는 비교할 수 없는 수준이지만 4.6%를 얻어 김대중 전 대통령과 함께 2위를 차지했다.

5공화국의 경제 성장과 실적은 20대 대선과정에서 여야 후보 모두의 입을 통해 공론화되었다. 전두환 정부의 후예인 국민의 힘 윤석열 후보의 전두환 옹호 발언이 여론의 역풍을 맞고 결국 사과로까지 이어졌음에도 촛불 정부인 문재인 정부의 대통령 후보로 선출된 이재명 전 경기도지사까지 5공화국의 경제성장을 재론하였다. 이재명 후보는 대구·경북을 방문(2021/12/11)하여 "국민이 맡긴 총칼로 국민 생명을 해친 행위는 어떤 이유로도 용서될

거대한 뿌리: 박정희 노스탤지어

수 없는, 다시는 반복돼서는 안 될 중대범죄"라면서도 "전체적으로 보면 전두환은 3저 호황을 잘 활용해서 나라 경제가 망가지지 않고 움직일 수 있도록 한 것은 성과인 게 맞다"고 발언하였다. 부동산 등 문재인 정부의 경제 실적에 대한 비판 여론이 박정희-전두환으로 이어지는 과거 권위주의 정권의 성장제일주의에 대한 정치적 호명으로 이어진 것이다.

정치권에서 박정희-전두환 시절의 경제 실적에 대한 정치적 호명은 유독 이른바 민주정부와 문민정부에서 집중되었다. 시민들은 민주정부의 경제운용 능력이 권위주의 정권에 비교우위를 갖지 못한다고 인식하는 것으로 조사되었다. 김영삼 정부는 군부를 탈정치화시킴으로써 한국 정치의 문민화를 달성했지만 요란한 개혁 드라이브 끝에 IMF 경제위기를 불러일으킨 주역으로 거론되곤 한다. 참여정부 역시 의욕적으로 정치개혁을 추진했지만, 정치적 혼란 속에 민생문제를 제대로 해결하지 못한 정부로 인식되곤 한다.

시민들의 기억 속에 구성된 각 정부의 이미지는 실제 수행력과 차이가 있지만, 중요한 점은 한국의 시민들이 현재까지 민주정부의 경제운용 능력을 박정희 정권에 비교우위를 가진 것으로 평가하지 않는다는 것이다. 한국갤럽에 의해 실시된 광복 70년 조사를 보면, 박정희 정부에 대한 평가에서 '잘한 일이 많다'는 평가(67%)가 '잘못한 일이 많다'는 평가(16%)를 압도했다. 잘한 일로는 경제발전(52%), 새마을운동(15%), 민생 해결(12%)을 꼽았다. 반면,

김대중 정부('잘한 일이 많다' 50%, '잘못한 일이 많다' 20%)가 잘한 일로는 대북 햇볕정책(27%), 외환위기 극복(18%), 민주주의 정착(7%)을 들었다. 노무현 정부('잘한 일이 많다' 54%, '잘못한 일이 많다' 20%)가 잘한 일로는 국민과의 소통(17%), 서민 입장 대변(17%), 서민 경제 노력(10%)을 꼽았다(한국갤럽 2015/08/06). 시민들이 경제이슈에 있어서 박정희 정권의 소유권(issue ownership of economic growth)을 인정하고 있다는 의미다.

또한 앞서 확인했듯이 1990년대 이후 실시한 여론조사에서 박정희는 가장 존경하는 대통령으로, 다시 뽑고 싶은 대통령으로 지속적으로 선정됐다. 심지어 응답자의 1/3이 넘는 34.9%가 박정희 정부를 가장 좋은 정부로 선택하였다(한국 민주주의바로미터 Korea Democracy Barometer, KDB 2010). 가장 좋은 정부를 묻는 질문에 대한 답은 응답자의 가치 판단을 포함하고 있다는 점에서 지금까지의 조사와는 근본적으로 다르다. 역대 정부에 대한 시민들의 비교평가는 그동안 한국사회가 이루어낸 중요한 성과에 대한 시민들의 가치판단이기 때문이다.

박정희 전 대통령과 박정희 정부에 대한 이러한 광범위한 지지는 전직 대통령에 대한 개인적 존경과 회고적 지지를 넘어서는 훨씬 포괄적이고 체계적인 현상을 의미한다. 이는 1987년 이후 가장 성공적인 민주화 사례로 평가되는 한국 민주주의에 엄연히 존재하는 박정희 노스탤지어를 방증한다. 박정희 노스탤지어는 막연한 추정이 아니라 정부수립 후 존재했던 역대 정부들의 수행

[그림 3-5] 경기도 이천 중포리 갯마을 새마을사업 모습 (1972년)

출처: 국가기록원. "경기도 이천 중포리 배진 갯마을 새마을 사업2."
http://theme.archives.go.kr/viewer/common/archWebViewer.do?singleData=Y
&archiveEventId=0014506851(검색일: 2022/10/21).

력 비교에 근거한 것이다.

대한민국의 가장 중요한 성취로 평가되는 경제발전과 관련하여 박정희 전 대통령과 박정희 정부에 대한 평가가 압도적으로 견고한 지지를 보이는 것과는 달리 민주정부에 대해서는 시간을 두고 상당한 편차를 보인다. 이는 각 대통령에 대한 비교 분석에서 더 뚜렷한 차별적 평가로 나타난다. 조선일보가 한국 정당학회에 의뢰하여 한국 산업화에 대한 국민의 인식을 분석한 결과를 보면 응답자의 3/4에 가까운 73.4%가 한국 경제발전에 이바지한 대통령으로 박정희를 꼽았다. 반면 김대중은 10.8%, 노무현은 4.3%로 미미한 수준이었다(조선일보 '기억의 정치' 시리즈 2010/05/28).

박정희 정부를 비판적으로 평가하는 진보 진영에서도 김영삼 문민정부의 개혁 실패와 IMF 경제위기, 김대중-노무현 정부가 드러낸 정책적 취약성에 대한 반성적 성찰에 기반을 두어 박정희 노스탤지어를 해석한다. 일례로 한홍구는 박정희를 무덤에서 불러낸 것은 김영삼이었다고 주장한다(한겨레21 2005/02/02). 신광영 보다 구체적으로 민주세력의 정책적 무능력에 주목한다. 그는 "오히려 조금 장기적 관점에서 바라본다면, 김영삼 문민정부 이후 이루어져 온 민주화 세력의 정책적 실패, 혹은 무능력과 연결돼 있다"고 제시했다. 같은 맥락에서 조희연은 "무능한 민주세력이 박정희 부활의 정치적·지적 공간을 제공하고 있다"고 주장하였다(한겨레 2006/02/27).

김영삼 정부의 경제위기와 민주정권의 정책적 취약성을 박정희 노스탤지어 정당성의 근거로 삼는 것은 보수진영도 마찬가지다. 대표적인 보수언론인 조갑제(2005)는 "노스탤지어는 김영삼 정부 말기의 부패한 정치와 침체한 경제에 대한 국민들의 실망과 아울러, 대선을 앞두고 박 전 대통령의 인기를 업고 표를 얻으려는 정치인들로 인해 초래됐다"고 주장하였다. 김정주(2006)는 민주화 20년을 맞이하고 있는 참여정부 말기에 한국의 민주주의가 모순에 직면했다고 지적한다. 또한 국민 다수의 실질적인 삶을 개선하는 데 실패한 민주주의가 다수 대중에게 무슨 의미를 갖느냐며 반문한다. 그는 대중들은 이제는 국민의 정부니 참여정부니 하는 정치인들의 수사를 불신하며 이와 같은 민주화 세력의 실패가 대중들 사이에 퍼지고 있는 박정희 신드롬의 진원지라고 주장한다(뷰스앤뉴스 2006/06/27).

이러한 소위 '문민정부 기원론'은 노태우 정권부터 이어지는 경제상황과 연결된다. 노태우 정권은 3저 호황의 지속과 올림픽 특수 등으로 전두환 정권 중반 이후부터 시작된 호황을 경험했다. 하지만, 1989년 3저 호황이 끝나고 물가와 집값 상승 계속되면서 문민정부의 경제 실정에 대한 논란이 증폭되었다. 경제성장률만 보면 노태우 정권 기간 평균 8%대를 유지했다. 하지만 고도성장기가 저물면서 체감적 경기 불안이 확산되었다.

'3당 합당'이라는 변형주의적 전략을 통해 집권 세력의 확대 재편성에 성공한 노태우 정권은 민주화 운동의 한 축이었던 김영삼을 후보로 내세워 제14대 대통령 선거에서 정권 재창출에 성공하였다. 김영삼 정권은 그동안의 관치 경제를 벗어나 규제 완화를 통한 민간 부문의 자율성을 확대함으로써 새로운 성장 동력을 찾고자 신경제 5개년 계획을 수립하였다. 또한 세계화를 새로운 국가발전 전략으로 제시하고 OECD에 가입했다.

[그림 3-6] 김영삼 정부의 IMF 구제금융 관련 보도

출처: 네이버 뉴스 라이브러리. "IMF에 200억달러 요청." 『동아일보』 1997년 11월 22일. 1면. https://newslibrary.naver.com/viewer/index.naver?publishDate=1997-11-22&officeId=00020&pageNo=1(검색일: 2022/11/07).

미국 주도의 국경 없는 세계경제전략에 제대로 된 준비 없이 편승한 한국은 OECD 가입을 위해 외환-자본 거래를 사실상 전

거대한 뿌리: 박정희 노스탤지어

면 자유화하면서 파국적 결과를 맞았다. 자본-외환-금융시장의 빗장이 풀렸지만 투기성 단기자본이 급격히 늘었다. 김영삼 정권의 신경제와 세계화 전략은 전례없는 경제위기를 불러왔고 결국 국제통화기금(IMF)의 구제금융 신청으로 마무리됐다.

유신시절 제도권 내 민주화 운동을 이끌었던 김영삼은 유신의 후예, 그리고 단식투쟁을 통해서 저항했던 전두환 체제의 승계자와 연합을 통해서 3당합당 열차의 주역이 되었으며 치열한 당내 투쟁을 통해서 대통령이 되었다. 경제정책 차원에서는 박정희식 재벌 중심의 경제체제에 신자유주의 날개를 달아 한국형 신자유주의 모델의 기초를 놓았다. 섣부른 세계화 전략이 낳은 경제위기가 역설적으로 김영삼 자신이 정치 생명을 걸고 투쟁했던 박정희 체제에 대한 노스탤지어를 확산시키는 계기를 마련하였다.

이른바 민주정부의 정책 수행능력에 대한 비판적 평가는 국민의 정부보다 참여정부에 집중된다. 국민의 정부는 IMF 경제위기 와중에 박정희 정권의 후계 세력인 자민련과 후보단일화를 통해서 집권에 성공하였다. 집권 후에는 3년 반 동안 자민련과 공동정부를 운영하였다. IMF 경제위기 극복을 최우선의 국정과제로 삼았던 국민의 정부는 2001년 8월 23일 IMF의 대기성 차관 자금(SBL)을 최종 상환하였다. IMF 체제를 조기 졸업한 것이다. 국민의 정부는 경제위기 극복과정에서 신자유주의적 경제 체제가 한국사회의 지배적인 경제 원리로 자리 잡는 계기가 되기도 했지만 국민에게 국민의 정부는 경제위기를 극복한 정권으로 평가된다.

또한 IMF 구제금융 기간 동안 공동 정부의 한축이었던 자민련의 존재는 국민의 정부 시기에는 박정희 노스탤지어가 두드러진 쟁점이 되지 않은 배경이 되었다.

참여정부는 상황이 국민의 정부와는 사뭇 달랐다. 국민의 정부가 경제위기를 극복하는 과정에서 한국사회의 화두로 대두된 경제적 불평등이 참여정부에서 더욱 깊어졌다. 그럼에도 불구하고 참여정부는 한국 사회의 화두가 된 경제적 불평등의 문제에 대한 성공적인 정책적 처방을 제시하는 데 성공하지 못했다.

참여정부 4년을 맞이하여 한겨레 신문이 마련한 선진대안포럼(2006/01/31)에서 진보적 지식인들이 참여 정부의 정책적 무능력을 비판했다. 이들은 민주화 세력의 정책적 실패와 무능력(신광영, 조희연)을 비판하고 현재의 민주 세력은 여전히 박정희 체제 안에서 박정희 체제를 재생산하고 있다(홍성태)고 일갈했다. 따라서 진보세력이 사회경제적 양극화를 극복할 실력이 없다면 박정희 신화는 지속될 것(이병천)으로 예측하였다(한겨레 2006/02/27).

이에 따르면 국민의 정부를 계승했던 참여정부의 정책적 실패가 2007년 17대 대선에서 이명박 후보의 압승으로 이어졌다. 이명박 후보는 박정희 성장 신화를 정치적으로 상징했다. 박정희 개발 시대를 상징했던 한나라당 이명박 후보는 선거 과정에서 박정희 이미지를 적극적으로 활용했다. 박정희 전 대통령의 상징이었던 같은 선글라스와 같은 스타일의 선글라스를 자주 착용했고, 선거 유세에서도 박정희와의 인연을 강조하곤 했다.

거대한 뿌리: 박정희 노스탤지어

[그림 3-7] 이명박(왼쪽), 박정희 전 대통령 ©한겨레

출처: 강성만. 2008. "한국형도 신보수도 아니다 '이명박 정부'일 뿐." 『한겨레』 03월 14일.
hani.co.kr/arti/PRINT/275849.html(검색일: 2022/11//07).

제17대 대선은 한나라당의 이명박 후보와 무소속의 이회창 후보로 보수 야권이 분열되었음에도 이명박 후보가 집권 여당의 정동영 후보를 상대로 당시까지 역대 최대인 530여 만 표 차로 압승을 거두었다. 이명박 후보의 압승에는 여러 원인이 작용했겠지만, 박정희 성공 신화를 연상시키는 현대건설과 청계천으로 대표되는 불도저식 추진력과 성공한 비즈니스맨이 상징하는 경제통 이미지 활용이 큰 기여를 했음에는 의문의 여지가 없다.

2002년 제16대 대선에서 노무현을 지지했던 적지 않은 청년

유권자들이 2007년 제17대 대선에서 이명박 후보를 지지했다. 청년층 민심 이반의 가장 큰 이유는 참여정부의 아킬레스건으로 꼽혔던 민생문제[28]였다. 대선을 앞둔 2007 11월 28일 전국 42개 대학교 총학생회장들이 이명박 후보 지지를 선언했다. 이들은 "꿈으로 가득 채워야 할 청춘을 취업 걱정으로 소진하고 역대 어느 세대보다 시간과 돈을 들여도 높은 취업의 벽에 절망하고 있는 현실"이라고 비판하면서 "이러한 문제 해소를 위해 대한민국은 '경제문제'부터 해결해야 한다. 현 대선 후보군 중 이명박 후보만이 경제를 살려낼 최적임자"라고 지지 이유를 밝혔다(조선일보 2007/11/28).

노무현 후보가 승리했던 2002년 제16대 대선과 이명박 후보가 승리했던 2007년 제17대 대선 결과를 비교하면 노무현 후보를 지지했던 유권자의 40.9%가 이명박 후보 지지로 돌아섰다(한겨레 2008/01/01). 이러한 압도적인 지지의 배경에는 위에서 살펴본 바와 같이 박정희 노스탤지어의 또 다른 측면인 경제성장지상주의가 작용하였다.

IMF 경제위기를 거치면서 심화된 한국 사회의 경제적 불평등은 한국 사회의 가장 중요한 문제로 부상했다. 국민들은 한국사회의 불평등이 매우 크다고 인식하고 있으며, 정부가 이 문제를 해결해야 한다고 믿고 있었다. 대표적인 여론조사를 살펴보자. 2008년 국제사회조사 프로그램(ISSP) 조사에 의하면 90% 이상의 압도적인 대다수가 한국 사회에서 소득 불평등이 크다고 답했다. 또한

거대한 뿌리: 박정희 노스탤지어

응답자의 3/4에 달하는 75.1%가 소득 불평등을 줄이는 것은 정부의 책임이라고 답하였다.

중요한 점은 다수의 국민이 민주정부의 정책 실패로 불평등이 심화했다는 평가를 해왔다는 것이다. 참여정부 말기(2006/11) 실시된 한 여론조사(한국여론조사연구소)에 따르면 참여정부 경제정책 전반에 대한 부정 여론이 79.5%로 나타났다(긍정 19.5%). 특히 주목할 것은 응답자의 4분의 3이 넘는 77.8%가 양극화의 문제가 정부 정책의 실패로 인한 것이라고 답했다. 이 비율은 경제적 구조 변화 등 환경적 요인으로 인한 것이라는 응답자 비율(18.8%)보다 4배 이상 압도적으로 높은 수치다.

한국 사회 불평등 심화의 원인을 민주 정부의 경제 실적으로 평가하면서 박정희 노스탤지어를 향유하는 국민의 인식을 이해하기 위해서는 국민의 정부와 참여정부의 경제정책 기조와 환경을 들여다봐야 한다.

대통령 도전 4수 끝에 집권에 성공한 김대중은 1997년 제15대 대선에서 집권에 성공하여 광복 후 최초로 평화적 정권교체를 이룩했다. IMF 경제위기 와중에 집권한 만큼 김대중의 오랜 경제철학인 '대중경제론'은 새삼 주목받았다. 1971년 제7대 대통령 선거 시 박정희 대통령과의 치열한 경쟁과정에서 구체적으로 제시된 대중경제론은 "민족 경제의 자립 자주를 위한 자립적 국민경제(내포적 공업화)에 의한 자율적 재생산 구조" 건설을 목표로 하였다(류상영 2013, 151). 대중경제론은 국내외 정세에 따라 원형과는 다소 달라진 형태로 진화했다. [그림3-8]처럼 김대중 자신의 경제철학을 정리해 미국 하버드대학 출판부에서 출간한 바 있던『대중경제론』을 증보해 1997년 제16대 대선을 앞두고『대중참여 경제론』(서울: 산하) 출간으로 이어졌다.

[그림 3-8] 김대중의 대중경제론 국내외 개정증보판 ⓒ민중의소리

 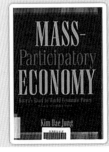 

출처: 조우석. 2017. "한국당 혁신위 '서민중심경제' 논란, 어찌 볼까."『NEWS WIN KOREA』08월 07일.
　http://www.newswinkorea.com/mobile/article.html?no=1150(검색일: 2022/11/07).

또한 집권 후에는『국민과 함께 내일을 연다』(대한민국 정부 1998) 발간을 통해 국민의 정부의 경제정책을 구체화하였다. '민주주의와 시장경제'의 병행 발전을 국정 철학으로 내세우고 관치경제의 해소와 시장에서 불공정 거래의 타파를 통해서 새로운 경제 질서 구축을 약속하였다.

　그러나 김대중은 IMF 구제금융 체제라는 대내외적 제약 조건 속에 경제위기 극복에 모든 역량을 집중할 수밖에 없었다. 더불어

내각제 개헌을 매개로 DJP 연합을 통해 탄생한 정부였지만 안정적 과반수를 확보하지 못한 소수당 정부로서의 원천적 한계를 갖고 있었다. 김대중이 이끌었던 국민의 정부는 이러한 가운데에도 경제 위기를 극복하고 한국적 복지모델의 기초를 낳았다. 하지만 제7대 대선에서 강조했던 것처럼 박정희 모델에 대한 대안 모델로서 대중경제론을 정책으로 구체화하는데 성공하지 못했다.

1997년 전례 없는 경제위기 속에서 치러진 제15대 대선에서 김대중의 경제철학은 이전 '대중경제론'과는 크게 달랐다. 가장 중요한 것은 환경의 변화였다. 전례 없는 경제위기 속에서 김대중은 대선 후보 선출 후 <세계로 뻗어 나가는 신광개토 시대를 열자>는 수락 연설을 통해서 (불가피하게) 성장담론을 적극 수용했다. 그의 핵심적 공약은 1년 반 만의 경제위기 극복, 2000년초 국민 소득 3만 달러 달성을 통한 세계 5강 진입 등 성장 담론이었다.

생애 사실상 마지막 대권 도전에 나섰던 김대중으로서는 어쩌면 불가피한 선택이었는지 모른다. 1971년 재벌 중심의 박정희 경제 체제의 폐부를 찌르며 '누구를 위한 성장이냐'라고 반문했던 김대중은 1997년 선거에서는 '더 빠른 그리고 더 많은 성장'을 외쳤다.

민주정부 2기를 자임했던 참여정부의 경제정책 또한 다르지 않았다. 집권 새천년민주당 노무현 후보는 경제 분야 핵심 공약으로 신성장 전략을 통한 7%의 경제성장과 기업 경영의 투명성 제고를 제시했다. 재벌 개혁으로는 재벌 계열사 간 상호출자 채무보

증 금지 및 출자총액제한 유지, 증권 분야의 집단소송제 조기 도입, 상속·증여세의 완전 포괄세 도입, 금융회사계열분리청구제 도입 등을 제시했다(한겨레 2018/11/28). 이러한 공약에도 불구하고 재벌과 기득권 집단의 조직적 저항과 경기침체 조짐으로 재벌개혁이 후퇴하는데 에는 오랜 시간이 걸리지 않았다. 더구나 노무현 대통령은 집권 후 첫 광복절인 제58주년 경축사(2003/8/15)를 통해 국민소득 2만불 선진국론을 참여정부의 국정목표로 제시했다. 그는 "경제의 성공이 중요합니다. 경제의 성공 없이는 다른 성공도 어렵습니다. 앞으로 10년 이내에 국민소득 2만달러 시대로 들어가야 합니다"[29]라고 주장했다.

위에서 살펴본 바와 같이 정권교체가 정치권력의 교체를 이룩했을지는 모르지만 한국사회에 헤게모니적 지위를 가지고 있던 한국형 정경유착 모델인 박정희 모델을 극복하는데 실패했다. 오히려 두차례 민주정부는 박정희 모델의 핵심인 총량적 의미의 경제성장 우선주의를 적극적으로 수용하였다.[30]

경제성장은 시민들의 삶에 직접적인 영향을 미치는 분명한 지표이기에 정권의 수행력을 평가할 수 있는 가장 가시적인 지표로 받아들여진다. 권위주의 정권기의 급속한 경제성장을 경험한 한국 시민들이 이와 대비되는 민주 정부 시기 완만한 경제성장이나 경기침체를 경험할 때마다 자주 호명되는 경제성장우선주의 담론에 취약한 이유다.

보수정부와 진보정부는 서로 다른 이유에서 박정희 불러내기에 기여했다. 보수정부는 취약한 정당성을 보완하기 위해서 과거의 성공에 기댈 필요가 있었다. 반면에 민주정부라고 자임하는 진보정부는 헤게모니 체제로서 박정희 체제를 넘는 대항 헤게모니(counter-hegemony)를 구축하는데 실패함으로써 박정희 체제와 결별하지 못했고 박정희 노스탤지어의 확산을 막지 못했다.

박정희 노스탤지어의 기원과 관련하여서는 문민정부의 개혁실패와 IMF 이전에도 박정희에 대한 지지가 존재했다는 것을 되돌이켜 보는 것이 필요하다. 1989년 중앙일보 조사에 따르면 응답자의 61%는 박정희 정부가 과오보다 공적이 많다고 답하였다(중앙일보 2010/02/19). 비슷한 시기 한국갤럽 조사에서도 응답자의 66%가 박정희 정부는 우리 역사에 유익했다고 답하였다(주간경향 2011/05/19). 이와 함께 조선일보가 1995년 실시한 '가장 훌륭한 지도자는 누구입니까'라는 조사에서는 박정희 전 대통령이 67.3%의 지지로 압도적인 1위를 차지하기도 하였다(조선일보 1995/03/05). 이러한 분석은 민주 정부의 취약성 때문에 박정희 노스탤지어가 유발됐다는 논리의 취약성을 보여주는 근거다.

강압과 동의의 변주곡

박정희 노스탤지어는 박정희의 지배이념인 성장주의를 수용하지만 정치인 박정희에 대한 무조건적 지지나 동의가 아니라 한국형 경제 발전 모델의 건설자로서 박정희를 인정하고 지지하는 포괄적 현상이다. 만약 박정희 노스탤지어가 정치인 박정희와 박정희 체제에 대한 무조건적 동의라면 박정희 사후 급부상하면서 지속되어야 타당하다. 그러나 박정희 노스탤지어는 박정희 사후 수면 아래로 가라앉았다가 문민정부 이후부터 대두되어 지속되고 있다. 수면 아래 있던 박정희 모델에 대한 강력한 지지는 역사적 국면(historical juncture)마다 정치적 동원에 의해 이슈화되었다. 동원의 계기가 되었던 역사적 배경에 대해서는 문민정부의 개혁과 경제위기 때문이라는 선행 연구가 다수 존재하지만, 당시의 상황을 돌아보면 의구심을 갖게 된다.

3당합당 이후 1992년 제14대 대선에서 당선되어 집권에 성공한 김영삼은 새로운 정부를 문민정부로 명명하고, 집권과 함께 일련의 개혁과 역사바로세우기 등을 통해 군부정권과 단절을 시도했다. 이러한 김영삼 정권이 박정희를 다시 불러냈다는 주장은 한국 민주주의의 역설이다.

김영삼은 1993년 2월 대통령 취임 직후부터 군부의 사조직인 하나회를 해산시켜 쿠데타의 가능성을 차단하였다. 역사바로세우기를 주요 국정과제로 제시하면서 조선총독부 청사 전격 해체를 시작으로 임시정부 선열 5위를 봉환, 4·19혁명·부마민주화운동·5·18광주민주화운동·6월항쟁을 재평가하고 국가기념일을 제정하였다(김영삼 민주센터, http://ksycd.org/achievemment). 또한 공직자 재산공개, 하나회 해산, 금융실명제 전격 실시 같은 개혁조치들로 집권 초기 90%를 넘나드는 높은 지지를 얻었다.

특별담화(1995/12/12)를 통해 "역사 바로 세우기는 국민의 자존심을 회복하고 나라의 밝은 앞날을 여는 명예혁명"이라고 규정한 역사바로세우기의 가장 상징적인 일은 전두환·노태우 전직 대통령의 구속이었다. 하지만 김영삼 대통령은 집권 초 5·18의 정당한 평가와 지원을 약속하면서도 5·18에 대한 진상규명은 역사에 맡기자고 제안했다. 김영삼 정권의 검찰은 시민사회의 강력한 반발과 저항에도 불구하고 전두환·노태우 두 전직대통령을 포함한 12·12 관련자 34명에게 '기소유예' 처분을 내렸으며, 5·18에 대해서는 '공소권 없음' 결정을 내렸다. 그러나 박계동 민주당 의원이 국회에서 노태우 전 대통령의 비자금 보유 의혹을 폭로(1995/10)하면서 정국은 반전됐다. 이를 계기로 5·18특별법이 제정되었고, 전두환·노태우 두 전직 대통령은 법의 심판대에 서게 되었다.

집권 초기 칼국수로 상징되는 탈권위 행보와 전격적인 개혁 조치로 높은 지지를 받던 김영삼 대통령은 중반 이후 대북·통상 정책의 혼선, 노동법과 안기부법 날치기 통과로 대표되는 일방통행식 정치, 한보게이트로 대표되는 부패 스캔들로 인해서 급격한 지지율 하락을 맛보아야 했다. 한때 분기 평균 국정 지지율 83%를 기록했으나 IMF까지 겹치면서 김영삼 정부 5년차 4분기에는 6%를 기록했다. 6% 지지율은 탄핵으로 구속된 박근혜 전 대통령의 최저 지지율 5%와 비슷한 수준이다.

눈길을 끄는 것은 역사바로세우기로 대표되는 문민정부 개혁이 한창이던 시점에 조선일보를 비롯한 보수 언론의 대응이 본격

화되었다는 점이다. 조선일보는 1995년 광복 50주년을 맞이하여
『거대한 생애 이승만 90년』을 1년간 연재하며 이승만 재평가에
나섰다. 또한 1994년에 조선일보 출판국은 김성진이 편집한 『박
정희시대-그것은 우리에게 무엇이었는가?』를 출간했고, IMF 경
제위기가 한국을 엄습했던 1997년 말(10/19)에는 조갑제 기자가
쓰는 '근대화 혁명가-박정희의 생애'를 연재하였다(이후 연재를 묶
어서 『내 무덤에 침을 뱉어라 1-8』이 출간되었다).

중앙일보는 가장 오래 박정희 비서실장을 역임한 김정렴의 회
고록을 20회에 걸쳐 연재(1997/4/28-5/29)함으로써 박정희의 인간
적인 면을 부각하고 이 연재를 묶어 『아 박정희』를 발간하였다.
여기에 2장에서 소개한 이인화 등 문화적 영향력이 큰 인사들까
지 가세하면서 박정희 지지와 박정희 시대에 대한 양극단의 평가
는 사회적 관심을 넘어 논란을 유발하였다.

이러한 흐름을 바탕으로 문민정부 개혁조치에 대한 반작용
으로 보수 언론과 지식인들에 의한 박정희 호명이 이루어졌다는
'문민정부 기원론'이라는 관점이 있다. 1997년 대선을 앞두고 이
인제를 포함한 대선주자들에 의한 박정희 코스프레를 박정희 신
드롬 확산의 요인으로 지적하는 시각(정해구 1998)이 대표적이다.

'보수 적통을 계승한 자유한국당이 신보수주의 정당으로 거듭
나겠다'면서 당시 자유한국당 홍준표 대표의 지시로 국회 대표실
과 원내대표실, 그리고 전국 시도당에 이승만, 박정희와 함께 김영
삼 등 세 전직 대통령의 사진을 내 건 일이 있다. 한국 정치사에 여

러 함의를 지닌다. 특히 평생 박정희 쿠데타와 독재를 비판했으나 박정희 후예와 손잡고 대통령에 당선되었고 결국 박정희 노스탤지어 기원으로 거론되고 있는 김영삼 정부를 생각하면 아이러니다.

[그림 3-9] 이승만, 박정희, 김영삼 세 전직 대통령 사진을 중앙당사에 걸고

출처: 성한용. 2017. "박정희 옆에 나란히 걸린 김영삼, 과연 행복할까." 『한겨레』 11월 17일.
https://www.hani.co.kr/arti/politics/polibar/819526.html(검색일: 2022/11/07).

　박정희 노스탤지어의 문민정부 기원론은 얼마나 경험적 근거를 가진 주장인가? 여론조사에 따르면 문민정부 기원론은 그다지 설득력을 가지고 있지 않다. 문민정부 시기 박정희 노스탤지어를 강조하는 여론조사가 주로 보수 언론사에 의해서 확산되었다. 이러한 점을 고려한다면 보수언론과 보수 정치세력에 의해서 동원된 박정희 호명전략에 일부 독자들이 영향을 받았을 가능성은 전혀 배제하긴 어렵다. 하지만 기원과 확산을 등치시키는 것은 비약

이다. 이 시각이 설득력을 가진다면 문민정부 이전에는 박정희 노스탤지어가 존재하지 않아야 한다.

문민정부 이전에 박정희 노스탤지어가 존재했는지를 확인할 수 있는 여론조사는 거의 존재하지 않는다. 다만 1990년대 이전에 실시된 한 여론조사를 통해서 이에 대한 실마리를 찾을 수 있다. '한국인의 정치사회 의식에 대한 국민 여론조사'(1988)에서 박정희에 대한 평가를 확인할 수 있는 2가지 문항이 있다. '박정희를 존경해야 하나'라는 질문에 57.2%가 찬성, 반대 비율(24.1%)보다 2배 이상 높게 나타났다. 학생들의 박정희 묘소 참배에 대한 의견을 묻는 질문에 대해서도 찬성 의견(71.2%)이 반대 의견(13.6%)을 압도했다. 이 결과는 당시의 사회 분위기를 생각하면 보수세력에 의해 동원된 결과라고 보기에는 무리가 있다.

선행연구에서는 박정희 노스탤지어 확산의 주체로서 보수 언론과 보수적 지식인들의 역할을 강조했다. 앞서 살펴보았듯이 문민 정부 이후, 특히 국제통화기금IMF 구제금융을 계기로 조선일보로 대표되는 보수언론들이 박정희 되살리기에 본격적으로 앞장서 온 것도 사실이다. 그러나 이러한 시각은 특정 언론 등 보수세력의 입장과 독자들의 시각 그리고 광범한 박정희 노스탤지어 향유층을 동일시 한다.

만약 박정희 노스탤지어가 보수 언론과 보수정치 세력에 의해 주로 동원된 것이라면 박정희 정부에 대한 평가는 박정희 정권의 대표적인 성과인 경제성장에만 국한되지 않을 것이다. 동원된 지지는 박정희 정부에 대한 무조건적 지지로 나타날 가능성이 높다. 일부 극단적 지지자들은 이러한 경향을 가지고 있기도 하다. 하지만 앞서 살펴보았듯이 박정희 정부 지지자들은 무조건적인 지지자로 단정할 수 없었다.

앞서도 살펴본 것처럼 민주주의에 대한 분명한 선호에서도 이러한 경향을 확인 할 수 있다. 2010년 KDB 조사에 따르면 박정희 정부 지지자 중 절반을 훨씬 넘는 58.15%가 민주주의에 대한 분명한 선호를 나타낸다. 반면 '상황에 따라 독재가 낫다(23.1%)'거나 '독재든 민주주의든 상관없다(11.96%)'는 응답자는 일부에 불과하였다. 전체 응답자와 박정희 정부 지지자 사이에 권위주의적 정향에 대한 차이도 크게 나타나지 않았다. 각각 군대의 통치(91.19%, 87.11%), 강력한 지도자 결정 선호 여부(89.34%, 84.03%), 일당 체제에 대한 선호 여부(92.26%, 89.3%)에 대해 모두 압도적인 반대를 나타냈다. 이로서 박정희 정부 지지자들이 다수의 시민과 뚜렷하게 구별되는 권위주의적 정향을 가진 시민들이 아니라는 것을 추론할 수 있다.

박정희 노스텔지어는 산업화 모델의 성과에 대한 시민들의 평가를 내용으로 하는 정치적인 현상으로, 박정희 노스텔지어가 형성되고 유지되고 강화되는 데 큰 영향을 미친 요인은 정치적 동원이다.

12·12 쿠테타를 통해서 정권을 장악한 신군부는 박정희 유신체제와 단절을 시도했다. 신군부는 유신정권 2인자였으며 박정희

사후 민주공화당을 이끌던 김종필을 포함해서 10여 명을 부정 축재자로 몰아 853억 원을 환수하고 공직에서 사퇴시켰다(중앙일보 1980/06/18). 또한 박정희의 정치적 복권을 봉쇄했다.

제5공화국에서는 박정희 체제의 후예들 중 일부가 사실상 충성스런 야당(loyal opposition)의 역할을 했던 한국국민당을 창당하기도 하였다. 하지만 유신 체제의 주요세력들은 민주화가 이루어질 때까지 정치적으로 야인으로 머물러 있었다.

박정희 후예들은 6월항쟁을 통해 열린 민주화 공간에서 정치적으로 부활했다. 김종필이 이끄는 민주공화당 후예들은 1987년 10월 5일 신민주공화당을 창당하였다. 이들은 창당 발기 취지문에서 "우리는 새로운 시대가 요구하는 역사적 소명에 부응하고자 민주공화당의 이념과 전통을 이어받아 신민주공화당을 창당한다"고 밝힘으로써 박정희 체제의 후예임을 명확히 했다(대한민국정당사 제3집, 910)[31]. 특히 "산업화의 토대를 구축함으로써 실질적인 민주화의 기반을 다졌던 민주공화당의 뿌리를 이어, 그 빛나는 이념과 오랜 전통을 계승·발전시킴으로써 오늘의 역사적 소명에 부응할 것을 다짐한다"고 강조해 산업화의 성공을 신민주공화당의 역사적 자산으로 삼고자 했다(대한민국정당사 제3집, 910).

박정희 체제의 계승자들이 한국형 산업화의 주역은 자신들이며 민주화조차 산업화에 기반을 두고 이루어진 것이라는 논리를 정치적 자산으로 삼았다. 신민주공화당은 이후 3당합당으로 집권세력의 한축이 될 때도 권력 투쟁에서 밀려나 자유민주연합을 창당할 때도 산업화 계승론을 적극적으로 설파했다.

신민주공화당의 김종필 후보는 민주화로 치러진 첫 번째 직선제 대통령 선거인 1987년 제13대 대통령선거에서 유효 득표 8.1%로서 180여만 표를 획득하면서 4위에 그쳤다. 하지만 이듬해인 1988년 제13대 국회의원 선거에서 총 35석(지역구 27석과 전국구 8석) (유효득표 15.8%)을 차지하면서 4당 체제의 한 축으로 부상했다.

신민주공화당은 제13대 대선 선거 전략으로 '보릿고개를 몰아낸 근대화의 주역'을 강조하는 광고를 사용하는 등 민주공화당의 후예임을 적극 활용하는 전략을 구사했다. 또한 1970년대 공화당이 이룩한 가난 퇴치와 경제성장으로 인해서 현재의 민주화가 가능했다는 논리를 적극적으로 활용하였다(대한민국 선거사 제4집, 517)[32].

[그림 3-10] 13대 대선의 신민주공화당 광고

출처: 네이버 뉴스 라이브러리. "우리는 왜 김종필을 선택 했나!!" 『조선일보』 1987년 12월 12일 3면.
https://newslibrary.naver.com/viewer/index.naver?articleId=1987121200239103004&editNo=1&printCount=1&publishDate=1987-12-12&officeId=00023&pageNo=3&printNo=20520&publishType=00010(검색일: 2022/11/07).

민주화로 열린 정치적 공간에서 박정희 정권의 계승자들이 지역주의 바람에 힘입에 정치적으로 복권되었다. 하지만 민주화 이행기에는 박정희 노스탤지어가 두드러지게 동원되지 않았다. 두가지 이유에 주목할 수 있다. 먼저, 당시 시대적 과제는 민주화였기 때문에 정초선거(founding elections) 역할을 했던 1987년 제13대 대선과 1988년 제13대 국회의원 선거에서 김종필이 이끌었던 신민주공화당을 제외하고는 박정희 노스탤지어를 적극적으로 동원할 여지는 크지 않았다. 둘째, 신민주공화당이 1990년 3당합당으로 새롭게 탄생한 민주자유당으로 흡수되었기 때문이다.

　　민주화 이후 박정희 노스탤지어가 정치적 쟁점으로 부상한 첫번째 계기는 정주영 현대그룹 회장의 정계 입문이다. 정주영 회장은 정치를 하지 않으면 편하게 살 수 있지만 6공 정권이 1백억 달러에 달하는 무역 적자를 방치했으며, 물가 폭등 등 경제를 엉망으로 만들어 놓아 이들이 5년을 더하면 나라를 망칠 것 같아서 정치 참여를 결심했다고 밝혔다. 정치참여의 이유로 6공 정권의 경제 실정이 가장 중한 요인으로 든 것이다(한겨레 1992/01/09).

　　제14대 총선(1992/3/24)을 앞두고 급하게 창당한 정주영의 통일국민당(국민당)은 31석을 얻으며 돌풍을 일으켰다. 국민당은 제14대 총선에서 선거 전략으로 '경제를 아는 정당'을 제시했다. 구체적으로 서울 아파트 반값 공약 등 파격적인 경제 공약을 내세우기도 했다. 후보자들도 '경제를 풍요롭게'(대구 북구 송화섭), '경제기적을 실천하겠습니다'(성동구 갑 박병호)와 같이 경제를 강조하는 전략을 적극적으로 활용하였다(대한민국 선거사 제5집, 352)[33].

제14대 총선에서 돌풍을 일으키자 국민당은 정주영 총재를 일찌감치 대통령 후보로 선출하였고 정주영 후보는 제14대 대선(1998/12/18)에 출마하였다. 정주영 후보는 '경제 대통령'을 자신의 브랜드로 제시했다. 6공 말기 경기 침체와 외채 증가를 비판하고 '실물 경제를 아는 대통령'으로서 비교우위를 강조하였다(대한민국 선거사 제5집, 462).

그렇다면 정주영 후보의 급작스런 부상과 박정희 노스탤지어는 어떤 관련이 있었는가? 정주영이 이끌었던 현대 건설의 성장은 고도성장 시대 박정희 시대와 궤를 같이 했다. 정 후보는 경제 대통령 전략을 통해서 박정희 노스탤지어를 직간접적으로 활용했다. 정부호는 선거 유세 과정에서 박정희 전 대통령과의 인연을 강조하고 경제성장을 이끌 수 있는 후보임을 강조했다. 경상북도 구미지구당 창당대회에서 "이 지역은 박정희 대통령이 태어나서 이 나라 근대화의 기반을 이루었던 곳"이라면서 경부고속도로를 건설할 때 박대통령을 처음 만난 뒤 막역한 사이가 되었다고 강조했다. 또한 경쟁자인 양 김씨는 고속도로를 만들면 나라가 망한다고 반대했던 인물들이라고 비판했다(한국경제 1992/11/14).

정주영의 박정희 노스탤지어 활용은 간접적이고 보조적으로 활용한 수준에 그쳤다. 3저 호황이 끝나고 외채 증가와 경기 침체가 정치적 논쟁의 주제로 부상한 노태우 정권 말기에 화려하게 등장한 정주영은 경제 영역에서는 한국을 대표하는 성공한 경제인으로 고도성장 시대를 상징했다. 하지만 민주화된 시대에 맞는 자신만의 경제 브랜드를 제시하지 못하면서 정치세력화에 실패했다.

정주영의 등장 이후 박정희 노스탤지어가 본격적으로 동원된 첫 번째 계기는 자유민주연합(자민련)의 등장과 약진이었다. 자민련의 등장과 성공과정에서 박정희의 계승자들은 박정희 노스탤지어를 본격적으로 동원했다.

3당 합당으로 거대 여당 민주자유당이 탄생하는 과정에서 노태우·김영삼·김종필 간의 이면 합의는 권력 공유를 위한 내각제 개헌이었다. 3당 합당의 한축이었던 김종필은 권력투쟁과정에서 배제되었고 결국 탈당하여 자민련을 창당했다(1995/3/30). 자민련은 제1회 전국동시지방선거(1995/6/17)를 앞두고 창당되어 영향력을 유지하다가, 제17대 총선(2004/4/15)에서 참패한 이후 국민중심당으로 재편(2006/1/17)되었다가 최종적으로 한나라당에 흡수되었다(2006/2/20).

자민련은 창당 후 3개월여 만에 실시된 첫 번째 전국 선거였던 제1회 전국동시지방선거에서 15개 광역자치단체장 중 4명의 광역단체장을 당선시키며 정치적 기반을 구축했다. 이듬해 실시된 제15대 국회의원 선거(1996/4)에서는 50석을 획득하며 제3당의 지위에 오르는 돌풍을 일으켰다. 1997년 제16대 대통령 선거를 앞두고 새정치국민회의와 후보단일화에 합의하여 제16대 대선에서 승리하였다. 집권 후에는 3년 6개월 여 공동정권을 운영하였다. 자민련은 창당 후 10여년 동안 정치적으로 중요한 행위자로 역할을 했다. 이 과정에서 자민련은 박정희 노스탤지어를 적극 활용했다.

　제1회 전국동시지방선거에서 교두보를 확보한 자민련은 제15대 국회의원 선거에서 문민정부의 급진적 개혁과 경제 실정을 '문민 독재', '경제 실정', '럭비공 개혁으로 비판하고 집권 경험과 근대화를 내세워 경륜 정치와 보수 안정론 자민련의 강점으로 내세웠다(대한민국 선거사 제6집, 218)[34]. 자민련 김종필 총재는 선거 캠페인 과정에서 "박 대통령이 5·16을 통해 근대화를 일으켰고 5공, 6공이 이를 승계하는 과정에서 수출입국을 통해 근대화와 풍요로움 속에 자유화·민주화를 이룩했다"고 주장했다(매일경제 1996/03/11).

　자민련은 문민정부의 급진개혁과 경제 실정으로 중산층이 이반하고 있다고 판단하고 박정희 노스탤지어를 불러일으킬 수 있는 경제공약을 제시하는 선거 전략을 수립했다. 특히 문민정부 탄생 이후 민심이 돌아선 대구·경북 지역을 중심으로 박정희 노스탤지어를 직접 자극하는 전략을 실시했다. 이 지역을 중심으로 3공 계승론을 적극적으로 설파하였다. 박정희 전 대통령의 정치적 고향인 구미갑 지역에서는 박 대통령의 조카인 박준홍 의원을 공천하였고, 선거운동 과정에서 (재단법인) 박정희 대통령 생가보존회를 선거운동에 적극 동원하였다(매일신문 1996/02/08).

　경북에서 시작된 '박정희 계승론'은 총선 쟁점중의 하나로 부상하였다. 신한국당은 '박정희 계승론'에 대응하기 위해서 영남

공화당론을 제시했다. 영남공화당론은 박정희 전 대통령의 근대화는 친인척 중심으로 한 인적 계승이 아니라 영남 세력이 주축이 돼 계승해야 한다는 주장이다(한겨레 1996/04/15).

1997년 치러진 15대 대선 과정에서 박정희에 대한 본격적인 정치적 호명이 이루어졌다. IMF 경제위기의 와중에 치러진 대선에서 집권 여당이었던 신한국당은 경선 과정에서 거의 대부분의 후보가 박정희 리더십을 찬양하고 이를 계승 발전시키겠다고 약속하였다. 특히 이인제 후보는 박정희와 외모적인 유사성을 강조하면서 "그분은 40대에 군사혁명으로 대통령이 됐지만 나는 40대에 대의원 혁명으로 대통령이 되겠다"고 공언하였다(주간한국 1999/01/06).

[그림 3-11] 1997년 12월 16일자 경향신문 3면 대선 광고

네이버 뉴스 라이브러리. "확 바꿉시다!." 『한겨레』 1997년 12월 16일 3면.
https://newslibrary.naver.com/viewer/index.naver?articleId=1997121600289103
008&editNo=6&printCount=1&publishDate=1997-12-16&officeId=00028&page
No=3&printNo=3066&publishType=00010(검색일: 2022/11/07).

거대한 뿌리: 박정희 노스탤지어

자민련의 박정희 노스탤지어 활용은 제2회 전국지방선거(1998/6/4)를 맞아 더욱 강화되었다. IMF 경제 위기 와중에 공동 여당으로서 집권한 것을 계기로 자민련은 제2회 전국지방선거에서 '새마을 노래'를 지방선거 로고송으로 채택하고 경제 살리기 내용을 강조한 개사곡을 만들어 적극 활용하였다(매일경제 1998/05/06). 특히 자민련의 정치적 기반인 대구·경북 지역에서는 박정희 되살리기가 더욱 노골화되었다. 구미갑 지구당 개편대회(1998/4/29)는 박정희 부활대회를 방불케 하였다. 박정희 전 대통령의 친 조카인 박준홍 전 의원과 박재석 씨, 사위인 한병기 전 대사와 박재옥 씨 내외 등 유족들이 개편대회에 대거 참여한 가운데 '새마을 찬가'를 진군가로 활용하였다(경향신문 1998/04/30).

무엇보다 박정희 노스탤지어가 정치적으로 영향력을 발휘한 가장 극적인 사례는 박정희 전 대통령의 딸 박근혜의 대통령 당선일 것이다.

박정희 전 대통령 사후 박근혜 전 대통령은 18년 동안 사실상 야인 생활을 했다. 정권교체 직후 치러진 대구 달서 보궐선거(1998/4/2)를 통해 정계에 입문했다. 그녀의 개인적 회고에 따르면 IMF 경제위기를 보며 아버지의 유지를 받들기 위해서 정계에 입문했다. 박근혜 전 대통령은 선거 캠페인 과정 내내 박정희를 소환하는 전략을 구사했다. 선거구호는 "박정희가 세운 경제 박근혜가 지킨다"였다. 그녀는 어느 대통령보다 국가발전과 경제성장에 헌신한 아버지의 뒤를 잇겠다고 명확히 밝혔다(매일경제

1998/04/04). 박정희 노스탤지어를 자극하기 위해서 유세 중에는
"아버지"라는 말을 수십 차례 반복했다(문화일보 1998/04/01). 또한
'잘살아 보세'와 '새마을 노래'를 유세 중 지속해서 틀었다.

[그림 3-12] 박근혜 당선 보도(1998) ©동아일보 (출처: 오마이뉴스)

정치입문 이후 원칙과 신뢰의 정치인 이미지를 얻은 박근혜

전 대통령은 정치적 위기 때마다 한나라당을 구하며 '선거의 여왕'이라는 닉네임까지 얻었다. 또한 이를 기반으로 18대 대선(2012년)에서 유권자 절반 이상의 지지를 얻어 한국 최초의 여성 대통령과 부녀 대통령이라는 기록을 남겼다. 정치인 박근혜의 이러한 성공에는 자신이 만들어 온 정치적 자산이 역할을 했지만 이 책이 살펴본 대로 아버지 박정희의 후광이 작용하였다.

다음 장에서 살펴보겠지만 박근혜 탄핵과 구속 이후에도 많은 언론의 예측과는 달리 박정희 노스탤지어는 사그라지지 않았다. 박근혜 전 대통령이 수감 중이던 서울구치소는 진입로부터 지지자들이 내건 각종 현수막에는 극단적 표현으로 문재인 정부를 비난하며 박근혜 전 대통령의 석방과 박정희 시절을 그리워하는 메시지로 가득했다. 연일 확성기를 틀어대며 현장에서 극우 유튜브 방송을 진행하며 박정희 시절을 호명하고 있었다. 박근혜가 보수를 정치적으로 궤멸상태로 몰아갔지만 박근혜의 정치적 영향력은 사그라지지 않았다.

여론의 압도적 선호로 국민의 힘 유력 대선 경선 후보에까지 오른 윤석열 전 검찰총장이 박정희 전 대통령 생가를 찾는다는 소식이 전해지자 박근혜 전 대통령 지지자들이 대거 몰려가 생가 진입로부터 경찰과 충돌하면서 아수라장이 되었던 일(2021/09/17)이 있었을 정도로 박근혜는 여전히 박정희 노스탤지어의 상징으로 자리하고 있다.

[그림 3-13] 박근혜 전 대통령이 수감 중인 서울구치소 담장 풍경

출처: 필자가 휴대폰으로 직접 촬영함(2021/04/06).

　　박정희 노스탤지어가 경제위기와 같은 특정한 상황에서만 부활하는 것이라는 인식도 있지만, 지금껏 살펴본 것처럼 다양한 관련 여론조사는 박정희에 대한 호명이 특정 시기나 연령, 지역에 국한된 현상이 아님을 증명한다. 박정희 노스탤지어의 뿌리 또한 한 가지만은 아니지만, 핵심 뿌리는 정치적 동원이었음을 살펴보았다. 정치인 박근혜는 탄핵과 구속이라는 초유의 사태에도 여전히 박정희 노스탤지어의 핵심인물로 자리하고 있다. 이제 그 관계를 보다 정밀한 시선으로 바라볼 때다.

제4장

정치적 영향

무엇을 남겼나?

이 책은 왜 박정희 노스탤지어에 주목하는가? 앞서 살펴본 대로 민주화 이후 한국 민주주의의 가장 중요한 도전 중의 하나가 박정희 노스탤지어다. 박정희 노스탤지어는 보수에게 여전히 중요한 정치적 자산이다. 또한 진보 진영에게는 넘어야 할 장벽이다.

박정희 노스탤지어의 정치적 영향을 무엇인가? 이 장은 박정희 노스탤지어가 유권자의 정치적 선택에 미친 영향을 분석한다. 민주화 이후 박정희 노스탤지어의 정치적 영향을 (간접적으로) 확인한 첫 번째 계기는 앞장에서 살펴본 바와 같이 제14대 국회의원 선거를(1992) 앞두고 갑작스럽게 이루어진 현대그룹 정주영 회장의 정치참여일 것이다. 정주영 회장은 6공화국 말기 도래한 경기 침체를 배경으로 정치참여를 결행했다. 한편으로는 현대건설의 성공 스토리를 박정희 정권 시기 경제 성장의 신화와 연결시키고 다른 한편으로는 민주화를 이끈 양김의 경제적 무능력을 강조하면서 제14대 국회의원 선거와 제14대 대통령 선거에서 박정희 노스탤지어를 적절히 잘 활용했다.

정주영 국민당 대표는 제14대 국회의원 선거 캠페인 과정에서 대구 동갑 지구당(위원장 최규태) 창당대회에서 "노 대통령 집무실에는 역대 대통령 사진이 하나도 없는 데 최소한 경제를 부흥시킨 박대통령의 사진은 있어야 한다"고 비판함으로써 박정희 향수를 자극했다(경향신문 1992/03/07). 제14대 국회의원 선거에서 약진을 바탕으로 제14대 대선에서 통일국민당 후보로 출마했던 정주영은 "김영삼·김대중 양김은 경제시대에 걸맞지 않는 뒤떨어진 인물"로 규정하고 경제 대통령을 내세웠다(한겨레 1992/04/07). 대구·경북지역 유세에서는 박정희 대통령 시절 경제 성장을 회고하고 경제성장의 재현을 위해서는 양김 청산밖에 없다고 주장했다(경향신문 1996/12/16).

선거를 앞두고 급하게 창당되었지만 고도성장 시대 박정희 이미지를 활용했던 정주영의 통일 국민당은 제14대 국회의원 선거에서 약진했다. 전체 유효득표의 17.4%의 득표(20,583,812표 중 3,574,419표)로 전체 의석 299석 중에서 31석(지역구 24석과 전국구 7석)을 얻어 제3당의 지위에 올랐다. 재14대 대선에서는 전체 유효득표 수의 16.3%를 얻어서 김영삼과 김대중에 이어서 3위에 그쳤다.

박정희 노스텔지어는 통일 국민당과 정주영의 정치적 약진에 어느정도 영향을 미쳤나? 이 문제를 직접적으로 검증할 수 있는 여론조사는 존재하지 않는다. 다만 정주영에 투영된 박정희 시절 경제성공 신화가 정주영의 정치적 약진에 기여했다는 정황을 확인 할 수 있다.

선거후 여론조사에서 응답자(1,206명)중 절반이 넘는 56.1%(676명)가 경제문제가 우리나라가 당면한 가장 중요한 문제라고 답했다. 정당 일체감과 관련해서는 국민당에 일체감을 가진 175명(14.5%) 중에서 32.6%(57명)는 경제안정을 이유로 들었다. 유권자들의 여론도 비슷했다. 격전지였던 서울의 유권자 이모씨는 지난 선거에서는 김영삼을 찍었지만 "정주영 씨라면 침체된 경제를 되살릴 수 있을 것 같다"고 정주영 후보지지 이유를 밝혔다(국민일보 1991/11/20).

선거과정에서 박정희 노스탤지어가 직접적으로 쟁점이 되었던 첫 번째 사례는 제15대 국회의원 선거(1996/4/11일)다. 김종필이 이끄는 공화계는 3당합당을 통해서 거대 여당의 한축이 되었으나 김영삼 정권 출범과정에서 권력 투쟁에서 소외되었다. 김종필이 이끄는 공화계는 1995년 제1회 지방선거를 앞두고 민자당에서 이탈하여 자유민주연합(자민련)을 전격 창당했다. 앞장에서 살펴본 바와 같이 경북을 중심으로 선거전에서 자민련의 박정희 계승론과 집권당인 신한국당의 영남 공화당론이 대립했다.

반 YS 정서에 기대어 박정희 노스탤지어를 자극했던 자민련은 대구·경북 지역에서 엇갈리는 결과를 얻었다. 대구에서는 전체 13석 중에서 자민련이 8석을 얻어 돌풍을 일으킨 반면에 집권당인 신한국당은 2석을 얻는 데 그쳤다. 반면에 경북에서는 전체 19석 중에서 신한국당이 11석을 얻어 자리를 지켰지만, 자민련은 2석을 얻는 데 그쳤다.

박정희 노스탤지어의 정치적 영향력을 확인할 수 있는 박정희 전 대통령의 딸 박근혜의 정지 입문과 성공이다. 박근혜 정계입문 계기는 1997년 외환위기로 알려져 있다. 그녀는 외환위기 이후 "일련의 사태를 지켜보면서 나 혼자만 편하게 산다면 죽어서 부모님을 떳떳하게 뵐 수 없을 것"이라고 정계입문 이유 아버지 박정희와 연결했다(중앙일보 2012/08/21). 정계 입문 계기였던 대구 달성 재보궐 선거(1998/4/2)에서 박근혜 후보는 "역대 어느 대통령 보다 국가 발전과 경제성장에 헌신한 아버지의 뒤를 잇겠다"고 박정희를 호명했다. 선거 유세에서도 아버지의 대표 업적으로 내세우는 새마을 운동을 상징하는 '새마을 노래'를 튼 유세차량을 앞세웠다. 또한 유세중 '아버지'란 말을 수십차례 반복하기도 했다(문화일보 1998/04/11).

박근혜는 당시 집권당과 자민련이 연합공천해 전폭적으로 지원을 한 엄삼탁 부총재를 가볍게 누르고 절반이 넘는 61% 득표로 국회에 입성했다. 10·26이후 사실상 은둔 생활을 했던 박근혜의 손쉬운 승리에 아버지 후광이 작용했을 것이라는 것은 의문의 여지가 없다.

박근혜의 제18대 대선 당선 만큼 박정희 노스탤지어의 정치적 영향력을 확인할 수 있는 극적 사례는 찾기 어렵다. 정계 입문 이후 박근혜는 선거의 여왕으로 불리며 자신만의 정치적 자산을 축적했다. 정계입문 이후 제18대 대선에서 당선될 때까지 대중들의 뇌리에 깊은 인상을 남긴 두 계기는 천막당사와 피습이다. 탄핵역풍이 전국적으로 몰아닥치던 제17대 국회의원 선거(2004/4/15)에서 비상대책위원장으로서 천막당사에서 선거를 지휘하여

거대한 뿌리: 박정희 노스탤지어

한나라당의 회생을 이끌어 냈다. 또한, 참여정부 말기 한나라당 대표 신분으로 2006년 지방선거 유세를 하던 도중 박근혜 대표는 신촌에서 커터칼 테러를 당했고 얼굴에 피를 흘리는 모습이 많은 이들에게 깊은 인상을 남겼다.

박근혜 자신이 구축한 정치적 자산에도 불구하고 많은 사람은 박근혜를 통해서 박정희를 호명했다. 여론조사를 통해서 이를 살펴보자. 저소득층 임대아파트 거주 주민 70명을 대상으로 한 한 언론 인터뷰 기사에서 가장 좋아하는 대통령 1위는 박정희로서 50%(35명)을 차지했다. 2위인 노무현(21.4%)의 두배가 넘었다. 김대중은 12.9%(9명)에 그쳤다. 제18대 대선에서 지지할 후보를 묻는 질문에 절반에 가까운 47.2%(33명)가 박근혜를 선택했다. 2위는 안철수로 21.4%(15명)였으며 문재인 후보는 단지 7.1(5명)%에 그쳤다. 인터뷰 대상자 중 한사람인 김모씨는 "보릿고개 없앤 박정희 대통령이 잘하긴 잘했어, …중략… 그 딸이니깐 잘하지 않겠어?" 또한 "텔레비전에서 멱살 잡고 싸우는 꼴이 보기 싫어. 그냥 …(박근혜가) 꼼꼼하게 정치 잘할 거야."고 지지이유를 밝혔다(한겨레 2021/05/14).

일반 시민들 뿐만 아니라 정치인들도 박정희 노스탤지어에 기대어 박근혜 대통령 만들기에 적극 나섰다. 제18대 대선을 목전에 둔 2012년 11월 14일 구미에서는 박정희전 대통령 95회 탄신제가 열렸다. 참석자들에게 박정희는 전직 대통령 그 이상이었다. 남유진 구미 시장은 "피와 땀을 마을과 조국에 헌신하신 반인반신의 지도자는 이제 위대한 업적으로 남아 영원히 기억되고 있습니다." 고 박정희를 숭배했다. 심학봉 의원은 나아가 "박정희 대통령이 없었더라면 우리 국가가 이만큼 성장했으며 어떻게 자유민주주의를 지켜왔겠습니까. 그런 대통령의 딸이 지금 올해 12월에 대권 후보로 집권 여당의 대통령 후보로 나서고 있습니다. 그분이 주셨던 유지가 오늘 이 자리에 모이신 분들의 정성과 의지를 모아서 서울에 계시는 우리 후보님께 보내드립시다." 노골적으로 지지를 호소했다 (뉴스타파 2012/11/12).

박정희 노스탤지어와 박근혜 당선

제18대 대선은 민주화 이후 최초로 민주화 세력을 대표하는 문재인 후보와 산업화 세력을 대표하는 박근혜 후보간의 진영간 대립으로 치러졌다. 치열한 선거 전 결과 박근혜 후보가 유효투표의 절반이 넘는 51.55%(15,773,128표)를 얻어 당선되었다. 박근혜는 최초로 부녀 대통령의 기록과 과반이상의 지지를 얻은 대통령이 되었다. 아마 이기록은 오랫동안 깨지기 어려운 기록일 것이다.

특히 박정희 노스탤지어와 관련하여 주목할 결과는 박정희의 정치적 고향인 대구·경북 지역에서 박근혜 후보가 얻은 득표율이다. 박근혜 후보는 대구·경북 지역에서 80.1%가 넘는 압도적인 지지(1,267,789표)를 얻었다. 문재인 후보는 단지 19.5%(309,034표)를 얻는데 그쳤다. 대구·경북 지역에서 두 후보의 표차는 958,755표에 달했다. 두 후보의 전국적 표차가 1,080,496였던 것을 생각하면 두 후보 표차의 대부분인 88.7%가 대구·경북 지역에서 나왔다는 것을 알 수 있다. 이 결과를 볼 때 대구·경북 지역의 유권자들이 제18대 대선 결과를 사실상 결정지은 것이라고까지 말할 수 있다.

대구·경북 지역은 보수의 심장이라고 불리는 곳이다. 그렇다면 박근혜가 얻은 80%를 넘는 지지는 이 지역 출신 다른 후보가 얻은 지지에 비해서 높은 지지인가? 대구 출신이었던 노태우와 경북 포함에서 청소년기를 보낸 이명박 대통령과 비교해도 높은 수치다. 노태우 전 대통령은 대구 70.19%와 경북에서 66.38%를 얻었다. 이명박 대통령은 대구에서 69.37%와 경북에서 72.37%를 얻었다. 두 전직 대통령에 비해서 박근혜 전대통령은 대구에서 출생했지만 학창 시절 대부분을 서울에서 보냈고 두 전직 대통령에 비해서 인적인 네크워트가 특별하지 않았다,

그렇다면 실제로 박정희 노스탤지어는 민주화 세력과 산업화 세력간의 물러설수 없는 대결이었던 2012년 제18대 대선에서 박근혜 당선에 얼마나 기여했나? 동아시아 연구원(EIA) 제18대 대선 패널 조사(2012) 자료를 통해서 살펴보자.

제18대 대선은 결국은 양자대결로 치러졌지만 문재인·안철수 단일화 전까지 사실상 3자 대결로 진행되었다. [그림 4-1]은 국정운영과 국민경제 영역에서 세 후보의 국정 운영능력에 대한 응답자의 평가를 제시한다. 세 후보는 정치적 경력에 있어서 상당한 차이를 보였다. 문재인 후보는 노무현 정부에서 민정수석과 비서

실장을 엮임하면서 국정을 경험했다. 반면 박근혜 후보는 IMF 경제위기 이후 정치권에 입문하여 국회의원과 비대위원장 그리고 당대표를 경험했다. 안철수 후보는 의사 출신 성공한 벤처기업가로서 대학교수를 역임했다.

[그림 4-1] 제18대 대선 주요 후보자 능력에 대한 시민의 평가

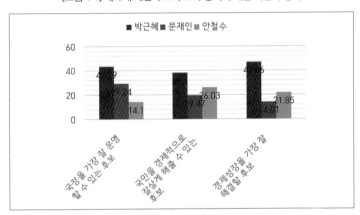

자료: 동아시아 연구원 제19대 총선-제18대 대선 패널 데이터(4차).

참고: 수치는 퍼센트: '경제성장을 가장 잘 해결 할 수 있는 후보'는 "다음 중에서 앞으로 차기정부가 가장 중점을 두고 추진해야 할 국정과제는 무엇이라고 생각하십니까"질 문에 경제 성장이라고 답한 응답자와 "문제를 가장 잘 해결할 후보는 누구라고 생각 하십니까"에 박근혜를 선택한 응답자를 결합해 도출함.

[그림 4-1]은 흥미로운 결과를 제시한다. 먼저 '국정을 잘 운영 할 수 있는 후보'에 항목에서 박근혜 후보가 응답자의 절반에 약간 못미치는 43.29%를 얻어 1위를 차지했다. 2위는 29.24%를 얻은 문재인 후보였다(14.05%차). 문재인 후보는 참여정부에서 민정

거대한 뿌리: 박정희 노스탤지어

수석과 비서실장으로서 국정을 직접 경험했다. 반면에 박근혜 후보는 국회의원을 역임했지만 20대 시절 유신 말기 육영수 여사 피살 이후 영부인 역할을 대행한 것이 직접적 국정 경험 전부이다. 이러한 차이에도 불구하고 훨씬 많은 응답자가 박근혜 후보가 문재인 후보보다 국정을 더 잘 운영하리라 판단한 이유가 무엇일까?

'국민을 경제적으로 가장 잘 살게 해줄 수 있는 후보'에 대한 질문에서도 박근혜 후보가 38.1%의 지지로 1위를 차지했다. 2위는 성공적인 벤처 사업가 경력을 가진 안철수 후보로서 26.03%의 지지를 얻었다. 시민들이 성공한 벤처 기업가 출신 안철수 후보가 경제를 잘 운영할 수 있을 것이라고 판단한 데에는 나름의 근거가 있다고 볼수 있다. 하지만 박근혜 후보가 경제를 가장 잘 운영할 것이라고 믿는데에는 어떠한 배경이 작용했을까?

흥미로운 것은 세 번째 영역이다. 제18대 대선은 경제 이슈가 중심이 된 선거였다. 참여정부 말기 민생의 어려움으로 인해서 많은 도덕성 논란에도 불구하고 이명박 후보는 시민들의 욕망을 자극해서 압도적인 표차로 제17대 대선(2007/12/19)에서 당선되었다. 하지만 이명박 정부의 이른바 747 공약(公約)은 허무한 공약(空約)으로 드러났다.

제18대 대선에서는 경제 이슈가 다시 핵심적인 이슈로 부상했다. EAI의 같은 조사에서 '다음 중에서 앞으로 차기정부가 가장 중점을 두고 추진해야 할 국정과제는 무엇이라고 생각하십니까' 질문에 경제성장이 1위를 차지했다(24.91%). '누가 이 문제를 가장 잘 해결할 후보라고 생각하십니까'라는 질문에는 응답자의 절반에 가까운 47.06%가 박근혜 후보를 선택했다. 반면에 성공한 벤처기업가 출신 안철수 후보는 박근혜 후보의 절반에도 못 미치는 21.85%에 그쳤다. 국정 경험을 가졌던 문재인 후보는 박근혜 후보에 대한 지지의 3분의 1에도 못 미치는 14.01%의 지지만을 얻었다.

차기 대통령 후보로서 중요한 영역, 특히 경제 능력 운용 능력에 대한 시민들의 높은 평가는 박근혜 개인의 경력과 업적에 기반을 둔 것으로 보기 어렵다. 아버지 박정희에 대한 노스탤지어가 박근혜 후보의 능력에 대한 후 한 평가에 영향을 주었을 가능성이 크다. 제18대 대선을 앞두고 실시된 동아시아 연구원(East Asian Institute)의 패널 자료를 이용하여 박정희 노스탤지어가 박근혜 후보의 능력에 대한 평가에 미친 영향을 살펴보자.

[그림 4-2] 박정희 노스탤지어가 박근혜 후보 능력 평가에 미친 영향

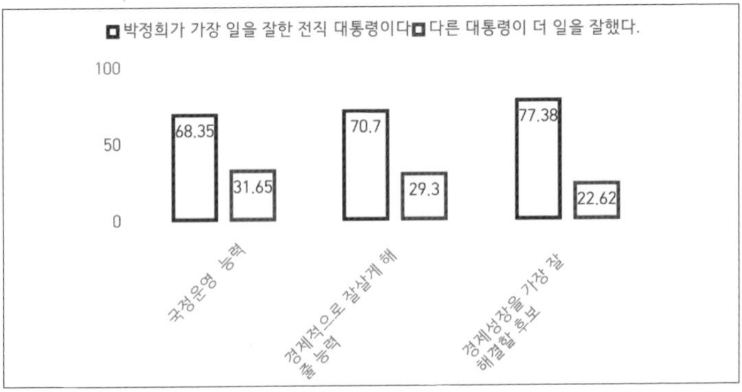

자료: EAI 제18대 대선 패널 조사(2012).
참고: 수치는 퍼센트.

　　　　　　　　　　　　　거대한 뿌리: 박정희 노스탤지어

[그림 4-2]의 분석 결과는 이 글의 주장을 확인해 준다. 상대적으로 국정경험이 부족한 박근혜 후보가 '국정운영 능력'과 '국민들을 경제적으로 잘 살게 해줄 능력'에 있어서 받은 가장 높은 평가는 아버지 박정희에 대한 노스탤지어가 큰 영향을 미쳤다.

먼저, 박근혜 후보의 국정운영 능력에 대한 긍정적 평가에 대한 영향을 살펴보자. '누가 가장 일을 잘한 전직 대통령인가'라는 질문에 다른 대통령이 더 일을 잘했다고 판단한 집단이 박근혜 후보의 국정 운영 능력을 긍정적으로 평가한 비율은 31.65%였다. 하지만 박정희 노스탤지어를 가진 집단(박정희가 가장 일을 잘한 대통령이라고 응답한 집단)이 박근혜의 국정운영 능력에 대해서 긍정적으로 평가한 비율이 이보다 두 배가 넘는 68.35%였다. 즉 다른 조건이 일정하다면 박정희 노스탤지어가 박근혜 후보의 국정운영 능력 긍정적 평가에 두 배 이상 긍정적 영향을 미쳤다.

두 번째 영역인 '국민을 경제적으로 잘 살게 해줄 수 있는 능력'에 대한 긍정적 평가에서도 비슷한 경향이 나타났다. 앞에서 살펴본 대로 박정희 노스탤지어의 가장 중요한 내용은 한국형 경제성장 모델 구축에 대한 박정희 리더십에 대한 시민들의 압도적인 평가다. 박정희 노스탤지어를 가진 집단이 박근혜의 경제적 능력을 긍정적으로 평가한 비율은 응답자의 3분의 2가 넘는 70.7%로서 그렇지 않은 집단의 긍정 비율과 비교하면 두 배가 훨씬 넘었다. 세 번째 영역인 국정과제로서 경제성장을 가장 잘 할 수 있는 후보로서 박근혜에 대한 믿음에는 박정희 노스탤지어가 더 큰 영향을 미쳤다. 박정희 노스탤지어를 가진 집단이 박근혜가 국정 과제로서 경제성장을 가장 잘할 수 있다고 믿는 비율(77.38%)은 그렇지 않은 집단(22.62%)에 비해서 세배 이상 높았다.

위에서 살펴본 대로 박정희 노스탤지어가 박정희의 딸 박근혜 후보의 국정 운영능력에 대해서 크게 기여했다. 그렇다면 박정희 노스탤지어는 치열하게 진영간 대립으로 치러졌던 제18대 대선에서 박근혜 후보의 당선에 실제로 기여했나? 그렇다면 얼마나 큰 역할을 했나?

[표 4-1] 박정희 노스탤지어가 박근혜 지지에 미친 기대확률의 변화

		박근혜지지	
		박정희 전대통령에 대한 호감도	
		부정적	긍정적
박정희가 제일 일을 잘한 대통령이다	1	0.449	0.7977
	0	0.2488	0.6155

참고: 박정희 전 대통령에 대한 호감도는 2차 조사를 기반으로 함. 수치는 다른 변수가 평균으로 고정될 때 문재인 후보에 대비하여 박근혜 후보를 선택할 기대확률.

출처: Kang(2018).[35]

[표 4-1]은 다른 변수들이 평균으로 고정되어 있을 때 박정희 노스탤지어가 문재인 후보 대비 박근혜 후보 지지에 미친 기대확률의 변화를 나타낸 것이다. 박정희 노스탤지어는 전직 대통령 박

정희에 대한 응답자의 호감도와 가장 일을 잘한 전직 대통령으로서 박정희에 대한 평가 두 변수를 활용했다. 먼저 박정희 대통령에 대한 호감도이다("박정희 대통령에 대해서 개인적으로 얼마나 호감이 가세요") 두 번째, 가장 일을 잘한 전직 대통령으로서 박정희에 대한 평가 변수다.

박정희에 대한 노스탤지어가 없는 경우(가장 일을 잘한 대통령이 박정희가 아닌 경우와 박정희에 대한 부정적으로 인식한 경우) 문재인 후보에 비해서 박근혜 후보를 지지할 확률은 0.2488이었다. 비록 박정희에 대해서 부정적인 호감도를 가지고 있더라도 박정희가 가장 일을 잘한 전직 대통령이라고 인식할 경우 박근혜지지 확률은 0.449로 증가했다. 박정희 노스탤지어를 가진 경우 박근혜 지지확률은 0.7977로 크게 상승했다. 다른 조건이 일정하다면 제18대 대선에서 시민들이 문재인 후보가 아니라 박근혜 후보를 지지하는 데 3.2배 영향력을 행사했다. 이와 같이 제18대 대선에서 박정희 노스탤지어는 중요한 변수였다.

태극기 집회

2016년 10월 말 박근혜 대통령 집권 4년차에 발생한 박근혜·최순실 게이트는 한국 민주주의의 신가산제(neo-parimonialism)적 속살을 여실히 드러냈다. 분노한 시민들은 광장으로 달려 나와 촛불을 들었다. 특별 수사본부가 구성되었고 국정농단의 주역인 최순실(이후 최서원)은 구속되었다. 국민적 분노는 좌고 우면하던 국회를 압박하여 특검을 통과시켰다. 연인원 1700만여 개의 촛불은 부패한 권력자를 탄핵으로 이끌었다. 헌정 사상 최초로 부녀 대통령이 되었던 박근혜는 헌정 사상 최초로 탄핵된 대통령이 되었다. 박근혜 전 대통령은 직권남용권리행사방해 · 강요 · 강요미수 · 공무상비밀누설 · 뇌물수수 혐의로 구속되었다(2017/4/17). 박근혜 전 대통령은 한국 민주주의 결정적 국면이었던 탄핵 재판에서 징역 20년 벌금 180억, 추징금 35억을 최종 선고받았다(공천 개입 혐의로 2년이 추가됨).

박정희 노스탤지어와 관련하여 이 글에서 주목하는 것은 박근혜 탄핵 반대 집회다. 박근혜는 현직 대통령으로서 자신이 수장으로 있는 국가 기관에 의해서 구속되어 수감되었다. 그럼에도 불구하고 탄핵이 사기이며 박근혜는 무죄라고 주장하는 대규모 태극기 집회가 지속되었다. 탄핵반대 태극기 집회는 집회의 규모와 지속성 그리고 강도에 있어서 전례를 찾아보기 힘들다.

이 글이 주목하는 것은 시민들의 태극기 집회 참여와 박근혜에 대한 지속적인 지지에 박정희 노스탤지어가 미친 영향이다. 아쉽게도 이를 직접적으로 분석할 수 있는 경험 자료도 접근가능하지 않고 이 관계를 심층적으로 분석한 앞선 연구를 존재하지 않는다.

태극기 집회는 국정농단 게이트가 촉발한 촛불 항쟁이 타오르던 시점인 2016년 11월 16일 미스바 구국기도회가 그 시발점이 되었다. 박근혜 대통령 탄핵 안 발의와 가결(2016/12/9) 후 열린 제

5차 집회(12/17)를 기점으로 박사모, 어버이 연합, 재향 군인회, 엄마부대 등 여러 갈래의 우익 운동 단체가 대통령탄핵기각을위한 국민총궐기 운동본부(탄기국)을 결성하였다. 박근혜 대통령 탄핵 인용 이후에는 '대통령 탄핵 무효 국민저항 총궐기 운동본부(국저본)'으로 변경되었다(경향신문 2018/03/17).

태극기 집회 참석 이유에 대해서 조선일보가 태극기 집회 2년 차에 한달에 한번 이상 태극기 집회에 참여한다고 답한 응답자 3037명을 대상으로 벌인 여론조사 자료는 시사적이다(조선일보 2018/08/27).

[그림 4-3] 태극기 집회 참석자의 참석 이유

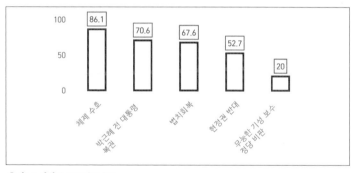

출처: 조선일보 2018/08/27.
참고: 수치는 퍼센트; 주최측 네이버 밴드, 카카오 단체방, 단체 문자등을 통해서 설문 링크를 보내 조사함, 응답자 5470명 중 월 1회이상 집회에 참석한다고 답한 3706명 대상으로 조사를 실시. 3개 까지 복수 응답 가능.

태극기 집회 참가한 이유(복수 응답) 조사 결과가 [그림 4-3]에 제시되어 있다. 체제 수호라고 답한 응답자는 86.1%로 1위를 차지했다, 그다음은 70.6%로 박근혜 전 대통령 복권이었다. 법치 회복(67.6%)과 현 정권 반대(52.7%)가 뒤를 이었다. 여기서 주목하는 것은 두 번째 이유인 박근혜 전 대통령 복권이다.

헌법 재판소에 의해서 만장일치로 탄핵당하고(2017/3/10) 박근혜 정부의 검찰이 구속한(3/31) 박근혜는 보수를 정치적으로 궤멸시킨 장본인이었다. 박근혜를 지지했던 지지자들 중에서 적지 않은 시민들이 박근혜·최순실 게이트에 분노해서 촛불 집회에 참여하기도 했다. 박근혜 대통령 퇴진을 촉구하는 제5차 촛불 집회(2016/11/26)에는 대표적 극우 온라인 커뮤니티인 '일간베스트 저장소(일베)' 회원이 참석해 화제가 되었다. 이 청년은 "일간베스트도 박근혜를 싫어합니다. 박근혜 정권 퇴진하라!"는 팻말을 오랫동안 들고 서 있었다(이데일리 2016/11/28).

그런데도 왜 많은 사람이 왜 태극기를 들었나? 몇 가지 요인에 주목할 수 있다. 먼저. 친박 세력의 동원이다. 박근혜·최순실 게이트라는 쓰나미 앞에서 집권당은 이른바 탄핵 찬성파와 반대파로 분열했다. 탄핵 찬성파의 핵심 세력은 탄핵 과정을 거치면서 탈당해 바른정당을 창당했다. 탄핵 무효와 박근혜 대통령의 무죄를 주장하던 친박 극우 세력은 대한애국당(2017/8/30)을 창당하였다. 대한애국당은 이후 홍문종 의원의 합류로 우리 공화당(공화당)으로 개명했다(2019/6/24). 대한애국당은 태극기 집회 초기부터 박근혜 대통령 수호자를 자임하면서 태극기 집회를 적극적으로 이끌었다.

공화당이 골수 지지자들을 지속적으로 동원하는데 중요한 역할을 했음에는 틀림이 없다. 하지만 공화당은 정치적으로 주변화된 집단이었다. 태극기 집회 참석자를 대상으로 한 여론조사에 따르면 정치적 동원에 의한 참석자 보다는 자발적 참석자들이 더 많았다(조선일보 2018/08/27).

둘째, 또다른 중요한 요인은 극우 개신교 집단의 동원이다. 한국 사회에서 정당을 제외한다면 인적 동원에서 가장 강력한 조직력을 가진 집단이 보수 개신교 집단이다. 보수 개신교 주류가 적극적으로 개입하지는 않았지만, 전광훈 목사가 이끄는 극우 개신교 집단은 특유의 동원력을 기반으로 태극기 집회의 핵심 세력이 되었다. 김진호(2017)[36]의 분석에 따르면 태극기 집회에 참석한 개신교 신자는 네부류로 구분할 수 있다. 첫 번째는 근본적이고 보수적인 개신교 목사들이 동원한 신자이다. 둘째는 탈북자 집단이다. 3만여명으로 추산되는 이들중 절반 정도가 직간접적으로 개신교와 관련이 있는 것으로 그는 추정했다. 알바 데모 집단을 포함한 탈북자 집단이 적극적으로 태극기 집회에 참여했다. 세 번째는 목사와 교회에 의해서 직접적으로 동원되지 않은 열광적 신도 집단이다. 이들중 다수는 극우 친박 단체의 열혈 활동가들이다. 네 번째 집단은 개신교계 극우 NGO 활동가 집단이다.

공화당의 경우와 마찬가지로 태극기 집회에 인원을 지속적으로 동원하는 데에는 전광훈 목사를 중심으로 한 극우 개신교 집단이 중요한 역할을 했다. 하지만 참석자의 다수가 극우 기독교인이라고 단정하는데에는 무리가 있다. 정치학회와 중앙선거관리위원회의 제19대 대선(2017/5/9) 선거 후 조사에 따르면 전체 응답자 1,125명 중에서 기독교인은 20.89%였다. 전체 응답자 중에서 태극기 집회 참석자는 1.24%에 그쳤다. 태극기 집회 참석자 중에서 기독교인의 비율은 28.57%에 그쳤다. 사례수가 적기 때문에 대표성을 가진다고 보기는 어렵지만 태극기 집회에 기독교인이 압도적으로 많이 참여했다고 볼 수 없다. 이러한 경향은 문재인 정부 출범 1년 차에 조사된 자료에서도 비슷하게 나타났다. '민주주의와 언론' 조사(2018)에 따르면 전체 응답자 11,511명 중에서 태극기 집회에 1번이라도 참석한 응답자는 7.54%(114명)였다. 자신의 종교를 기독교라고 답한 응답자 중에서 참석자의 비율은 10.04%로 증가했다. 두 집단 사이의 차이는 2.5%에 불과했다.

비록 태극기 집회에 지속적으로 참여했던 핵심 참가자들은 극우 정당과 극우 개신교 집단에 속해있거나 동원된 사람이라고 하더라고 대다수의 참가자들은 자발적인 참여자가 많았다(장우영 2018). 그렇다면 태극기 군중의 참여 동기를 어떻게 설명할 수 있을까?

태극기 군중에 대한 개인적 수준의 설명은 먼저 소외된 노인 가설이다. 일부 젊은 세대는 촛불 항쟁을 부정하는 태극기 집회를 '동원된 틀딱'들의 악다구니로 폄하하곤 했다. 하지만 집회에 적극적으로 참여한 사람들을 대상으로 한 위 조사에 따르면 태극기 집회 참여자를 '동원된 틀딱'으로만 보기엔 어렵다. 위에서 인용한 조선일보 조사에 따르면 60-70대 이상이 참석자의 62.2%였다. 하지만 40-50대도 33.2%에 달했다. 더구나 사회적 계층에 대한 질문에서 응답자의 절반에 달하는 49.8%가 중산층이라고 답했다. 또 다른 현장 조사(장우영 2018)[37]에 따르면 참가자들의 학력 수준이 높았다. 대학 졸업자는 절반에 달하는 49.8%, 대학원 이상 학력자는 17.2%에 달했다. 월 가구 소득도 참석자의 절반이 넘는 응답자가 월 소득 400만 원 이상이라도 답했다. 소득과 교육을 중심으로 볼 때 태극기 집회 참여자의 다수는 중산층이었다.

소외된 노인 가설은 소외된 노인 중 왜 일부가 자발적으로 광장에서 태극기를 열광적으로 흔들었는지를 설명하기 어렵다. 박근혜 지지자들에게 탄핵은 받아들일 수 없는 현실이다. 탄핵에 대한 박근혜 지지자들의 반응은 세 가지로 구분할 수 있다. 첫 번째 집단은 박근혜가 박정희를 배반했다고 보고 이탈한 집단이다. 이들 중 일부는 촛불 집회에 참여하기도 했다. 두 번째는 현실을 부정하는 집단이다. 이들은 탄핵 증거는 조작되었다고 믿으므로 탄핵은 사기라고 주장한다. 세 번째는 박근혜는 잘못이 없고 최순실에게 속았다고 믿는다.

두 번째와 세 번째 집단을 관통하는 키워드는 박정희 시대에 대한 노스탤지어다. 사후 40여 년이 지난 대한민국에서 현실과 박정희를 매개해 주는 연결고리는 박근혜다. 한 연구가 날카롭게 지적했듯이 격동의 박정희 시대를 온몸으로 버텨온 (일부) 중장년층에는 박정희-육영수-박근혜의 고리는 신성한 삼위일체로까지 받아들여진다(전상진 2018)[38].

공적으로 위임한 국가권력을 비선실세와 사유화한 박근혜의 국정농단에도 불구하고 공권력에 의해서 탄핵되고 구속된 박근혜의 복권을 주장하는 태극기 집회 참여자들은 프로이드의 가족 로망스를 가진 것으로 해석할 수 있다(박현선 2017)[39].

가족 로망스는 두 영화의 서사를 통해서 잘 이해할 수 있다. 먼저. 박근혜 전 대통령이 2014년 국정과제 점검회의에서 부부 싸움하다가 애국가가 나오니 국기에 대한 경례를 하는 장면을 언급해 화제와 논란이 되었던 국제시장이다. 한국 현대사를 관통하는 이야기로 1000만 관객을 모은 영화 국제시장의 주인공 70대 덕수는 세월의 흔적이 켜켜이 쌓인 아버지 사진 앞에서 독백한다. "아버지, 내 약속 잘 지켰지예. 아부지예, 이만하면 잘 살았지예. 근데 진짜 힘들었거든예."

박정희 노스탤지어와 박근혜 탄핵을 다룬 <미스 프레지던트>(김재한 연출)의 두 주인공 조육형 씨와 김종효 씨 부부의 스토리 또한 상징적이다. 조육형 씨는 매일 의관을 정제하고 박정희 사진 앞에서 절을 하고 국민교육헌장을 읊조린다. 작은 식당을 운영하는 김종효 씨 부부의 세상을 보는 창은 박정희 전대통령과 육영수여사다. 가게를 육영수 여사 사진으로 도배하고 휴대폰은 박전대통령과 육여사 사진으로 장식되어 있다. 감독의 설명에 따르면 이들의 행위는 "박정희 전 대통령에 대한 고마움, 육영수 여사에 대한 그리움, 박근혜 전 대통령 삼 남매에 대한 동정심이다."(시네21, 2017/05/15).

태극기 집회 참석자의 말을 들어보자.

"박정희 대통령님의 가장 큰 업적은 가난을 영구히 해방시켰다는 거예요. 본래 가난은 나라도 구제 못한다는 속담이 있죠. 저는 여러분 부모님 세대인데도 밥 많이 굶었어요. 근데 국민이 밥 굶을 걱정 안하도록 가난을 해결한 사람, 전 세계 유일한 지도자입니다(50대 참석자)(양웅석 등(2018. 21)에서 재인용)[40]

[그림 4-4] 태극기 집회에 등장한 박정희와 박근혜 대통령 사진

출처: 아시아 경제 2017/03/01(https://www.asiae.co.kr/article/2017030114110932362).

선거의 여왕의 귀환

국정농단 사태의 주역으로 구속되었던 박근혜 전 대통령은 문

재인 대통령이 사면·복권을 단행함으로써 2021년 12월 31일 제20대 대통령 선거를 두 달여 앞두고 수감된 지 4년 9개월 만에 석방되었다.

흥미로운 것은 대선을 앞두고 자유인이 된 박근혜 전 대통령의 정치적 영향력이었다. 보수를 정치적으로 궤멸시킨 장본인이었던 박근혜 전 대통령은 폐족으로 전락하지 않았다. 오히려 돌아온 선거의 여왕으로 호명되었다. ('선거의 여왕' 귀환에 대선 후보들은 '초긴장 모드' 일요신문 2021/12/31). 석방 후 달성으로 귀환한 박근혜 전 대통령을 맞이하기 위해서 5000여 명의 인파가 몰렸다. 이들은 새마을 운동을 상징하는 녹색과 흰색 풍선을 들고 박근혜 대통령을 연호했다. 자신들과 국가를 구원해 달라며 호산나(Hosanna)를 연신 외치기도 했다. 60대 여성 A씨는 이날 태극기, 성조기, 고(故) 박정희 전 대통령의 사진을 함께 들고 참석했다(동아일보 2022/03/24; 머니투데이 2022/03/24).[41]

박근혜 전대통령의 달성 정착 이후 평일에는 1천명 주말에는 2천명에 달하는 방문객이 북적여 박근혜 전 대통령의 사저가 '보수의 성지'로 태어나고 있다는 분석이 제기되기도 했다(한겨레 2022/02/24).[42] 박근혜의 정치적 부활 세레모니의 정점은 윤석열 당선자와 박근혜 전대통령의 해후다. 문재인 정부의 검찰총장으로서 국정농단 수사를 진두지휘 하면서 박근혜·이명박 두 전직 대통령을 구속했던 윤석열은 야당의 후보로 변신하여 제20대 대통령 선거에서 역대급 표차(0.73%)로 당선되었다.

거대한 뿌리: 박정희 노스탤지어

윤 당선자는 당선인 신분으로 지역 순회 첫일 정으로 텃밭이었던 경북을 찾았으며 박근혜 전대통령을 만났다(2022/4/12). 윤 당선인은 면담 후 기자들에게 대통령의 건강에 대해서 이야기를 나누었다도 밝히고 "인간적인 안타까움과 마음 속으로 갖고 있는 미안한 마음도 말씀드렸다"고 말했다. 더구나 동행한 권영세 대통령직 인수위 부위원장은 당선인께서 과거의 특검과 피의자로서의 일종의 악연에 대해 죄송하다고 하셨다고 밝혔다.[43] 이로서 두 사람은 정치적 부조리극의 주인공이 되었다.

불가능해보이던 박근혜의 부활은 어떻게 가능했나? 이제 박근혜와 박정희의 관계를 좀 더 자세히 살펴볼 때다.

박정희 수사학(Rhetoric)

아리스토텔레스는 인간을 타인과의 관계 속에서 소통하는 "정치적 동물(political animal, zoon politikon)"[44]이라고 하였다. 인간을 규정하는 여러 개념이 있지만 정치적 동물이라는 관점은 복합갈등이 일상화된 현대사회에서 중요하게 다가온다. 아리스토텔레스는 정치적 동물인 인간의 소통을 위해 『수사학(Ars Rhetorica)』을 강조하였다.

흔히 '수사학'이라고 하면 고대 그리스에서 소피스트들이 가르치던 수사술, 즉 말의 기법으로 이해하곤 하지만 아리스토텔레스가 기법 차원을 넘어 학문으로 체계화한 수사학은 '주어진 상황에 가장 적합한 설득수단을 발견하는 예술'이다. 이러한 그의 정의에 따르면 따르면 박정희 노스탤지어는 한국의 민주화 과정에서 축적된 박정희 수사학이기도 하다.

아리스토텔레스는 『수사학』[45]에서 설득의 3요소로 로고스(logos), 파토스(pathos), 에토스(ethos)를 제시하였다. 로고스는 내용의 논리를 나타내는 것으로 이성적이고 논리적인 방법으로 설득하는 방식이다. 객관에 근거한 사실을 강조하여 동의를 이끌어내는데 유효하다. "우리나라를 가난에서 구했기 때문에 박정희를 존경해야 한다"는 식의 인과관계를 설명하는 방식이 로고스다.

파토스는 격정, 충동, 정념 등의 의미로, 청중의 감정이나 욕구를 나타낸다. 전후 지독한 가난을 지나왔던 한국인들에게 "보릿고개 겪어 봤나" "박정희의 강력한 카리스마가 아니었다면 가난을 벗기 어려웠다"는 식으로 박정희 체제의 불가피성을 설명하는 방식은 타당성을 따지거나 당시 경제 상황을 실증하는 로고스보다 우위를 지니기 쉽다. 파토스는 인간의 감정에 기댄 설득 수단이다. 아리스토텔레스는 파토스의 영향력에 주목했다.

에토스는 화자(話者)의 고유한 성격, 특질, 매력, 진실성 등을 총체적으로 포괄하는 개념으로 도덕적 신뢰를 갖게 하는 보편적인 요소다. 흔히 광고모델로 유명인을 쓰는 이유다. 박정희를 '근대화의 국부(國父)'로 영웅시하면서 서민적 풍모를 통해 진실성과 신뢰성을 부여하는 방식이다.

아리스토텔레스는 로고스, 파토스, 에토스 중 에토스를 가장 중요한 설득요소로 보았다. 독재정권에서 유독 관제 언론과 예술 통제에 주력하면서도 독재자의 영웅서사나 신화적 스토리 창출과 후일담 등을 통한 정치적 상징조작에 나서는 이유이기도 하다. 시대와 무관하게 여전히 감동적인 연설가로 기억되거나 인민의 마음을 움직여 전시 등의 위기 상황에서도 대중적 동원을 이끌어 낸 지도자는 이렇게 에토스, 파토스, 로고스를 적절히 잘 활용해 자신만의 수사학을 확립한 사람들이었다.

[그림 4-5] <경향신문> 1961년 5월 16일자 1면(상)과 5월 17일자 1면(하)

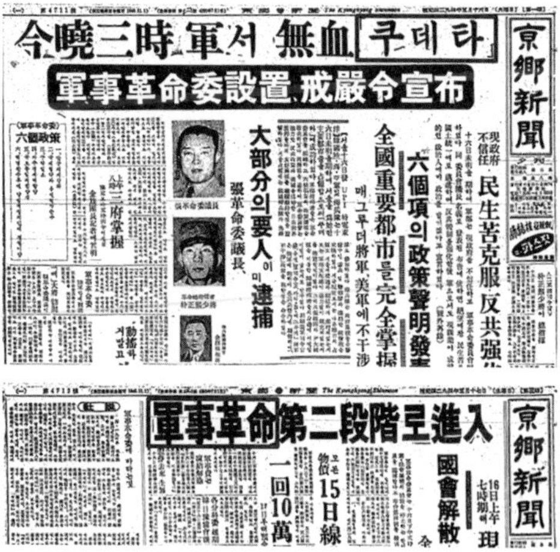
京鄕新聞

今曉三時 軍서 無血 쿠데타

軍事革命委設置, 戒嚴令宣布

現政府不信任. 民生苦克服 反共强化

六個項의 政策聲明發表

全國重要都市를完全掌握

매그루더將軍, 美軍에 不干涉

大部分의 要人이미 逮捕

張革命委議長

京鄕新聞

軍事革命第二段階로進入

國會解散

物價 15日線

一回10萬

출처: 네이버 뉴스 라이브러리. "금효삼시 군서 무혈 쿠데타 군사혁명위설치, 계엄령선포." 『경향신문』 1961년 05월 16일(석간). 1면.

https://newslibrary.naver.com/viewer/index.naver?publishDate=1960-05-16&officeId=00032&pageNo=1(검색일: 2022/11/07).

네이버 뉴스 라이브러리. "군사혁명2단계로 진입." 『경향신문』 1961년 05월 17일(조간). 1면.

https://newslibrary.naver.com/viewer/index.naver?publishDate=1961-05-17&officeId=00032&pageNo=1&printNo=4712&publishType=00010(검색일: 2022/11/07).

박정희 또한 마찬가지다. 박정희 정권 하에서 히틀러의 괴벨스처럼 선전부장으로 특정할만한 인물이 확인되지는 않는다. 숱한 필화사건은 물론 정권 차원의 명백한 언론 탄압 속에서도 보수언론은 박정희 체제를 노골적으로 지지하였고, 박정희 개인의 영웅화에 앞장섰다. 5·16 군사정변 당일만 해도 '쿠데타'로 명명했던 신문들은 이튿날 일제히 1면에서 쿠데타를 '군사혁명'으로 바꾸어 보도하였다. 또한 유신 체제 등장 이후 언론들은 유신체제 찬양에 앞장섰다.

박정희 정권은 '5·16 혁명'을 기념일로 지정하고 7차 개헌헌법(유신헌법)을 통해 헌법에 담았다. 대신 '4·19 혁명'은 '의거'로 격하시켰다. 언론의 적극적인 협력 속에 박정희 정권의 정당화 노력은 유신에 이르러 보다 심화되면서 박정희 통치 18년 동안 박정희 수사학으로 구축되어 한국인의 일상과 정체성에 침투하였다.

특히 1972년 10월 27일 유신 개헌안이 공고된 뒤 11월 21일 국민투표가 실시되기까지 신문과 방송은 당국에서 배급한 새 헌법에 관한 해설 기사와 할당된 연사들의 출연으로 매워졌다. 10월 27일부터 12월 말까지는 날마다 모든 신문의 1면과 7면에 '통일 위한 구국 영단 너도 나도 지지하자', '새 시대에 새 헌법. 새 역사를 창조하자' 등 문공부 제정 유신찬양 표어가 6단 크기로 실렸다. 문공부 방국관리국 모니터에 나타난 통계에 따르면 같은 시간 방송은 단독 해설 218회, 좌담 298회, 유신과 관련된 비전 제시 특별 프로그램 58회, 유신을 내용으로 한 스팟 드라마가 1,268회에 이르렀다(<여당도 당황케 한 청와대의 '공화국 죽이기' 작전 프레시안 2015/09/09).

[그림 4-6] 자유는 연탄가스처럼 위험한 것이어서 '제한'해야 한다는 내용의 유신

출처: 민족문제연구소. 2015. "박정희에 대한 또 하나의 해석, 섬뜩하다." https://www.minjok.or.kr/archives/76440(검색일: 2022/11/07).

잘 살기 위해서 자유를 제한하자는 유신 홍보물은 박정희 노스탤지어의 핵심 퍼즐인 경제성장우선주의의 영향력을 잘 나타낸다. 한국인들의 경제 성장에 대한 선호는 69.59%가 민주주의보다 경세성장을 선호하는 것으로 조사된 2003년 조사(KDB)에서 확인할 수 있다. 가장 최근 조사인 ABS 5차 조사(2019)에 따르면 비슷한 수준인 63.67%가 민주주의보다 경제성장을 선호하는 현상이 지속되고 있다. 이러한 현상은 박정희 노스탤지어의 대표적 역사적 유산이다.

1972년 12월 27일 유신헌법에 따라 박정희가 제8대 대통령으

로 취임하자 신문협회와 방송협회 산하 언론사들은 일제히 '개헌안에 대한 성명서'를 '1면 사고(社告)'로 실어 지지를 표명하고 박정희를 찬양하였다.

박정희 전 대통령은 보수진영 내에서도 반발이 있었던 유신체제까지도 역사적 과업의 하나로 자평하는 방식으로 박정희 수사학을 적극 활용하였다. 일례로 제5대 대통령 취임사에서 자신의 자리를 "새 공화국의 성전"으로 비유한 박정희는 10년 후 초헌법적 유신헌법 제정으로 정치적 상징조작인 크레덴다(credenda)를 구축하고, 대통령 특별선언(1972/10/17)을 통해 10월 유신을 13번이나 언급하면서 "우리 민족이 가야야 할 길은 오직 하나. 그 이념이 바로 10월 유신의 기본정신이다. 이 유신은 우리의 운명을 우리 스스로의 힘으로 개척해 나아가기 위한 한국인의 사상과 철확의 확립이며 그 실천이다"라며 유신의 정당성을 강조하였다.

여러 권위주의 정권이 철권통치를 위해 당근과 채찍으로 언론을 내세우고 문화와 예술을 통해 대민 선전선동에 나섰듯이 유신시대에도 언론은 물론 다양한 홍보물과 기록화가 유신 홍보에 동원되었다. 당시 지명도 높은 신동우 화백을 통해 문화공보부에서 제작한 아래 홍보물은 유신의 대국민 명분이었던 경제성장우선주의(한국식 경제발전)를 간명하고 직관적으로 표현하고 있다.

'100억불 수출과 1000불 소득'을 위한 유신의 미래상은 언론보도와 정부의 홍보물을 통한 로고스뿐만 아니라 경제성장을 통해 전후 가난을 경험한 한국인들에게 '보릿고개에서 나라를 구한

[그림 4-7] <보람찬 내일-10월유신의 미래상>, 문화공보부

출처: 오마이뉴스. 2012년 10월 18일. "<보람찬 내일-10월유신의 미래상>, 문화공보부." ⓒ
민족문제연구소 자료실.
http://www.ohmynews.com/NWS_Web/View/img_pg.aspx?CNTN_
CD=IE001502869(검색일: 2022/11/07).

구국의 아버지'라는 경험적 이미지로 착종되었다. 역대 대통령 중
박정희 전 대통령에 대한 신뢰도가 가장 높은 수준을 유지하고
그 이유가 경제발전과 새마을운동 때문이라는 조사 결과는 새마
을운동이 상징하는 경제성장우선주의(한국식 경제발전)가 얼마나
강력한 파토스였는지를 방증한다. 새마을운동은 잘살기 위한 구

국의 운동으로 상징이자 유신체화를 위한 행동강령이자 실천지침이었다.

당초 도농 균형발전과 농가소득 증대를 위한 농촌 근대화의 일환으로 시작된 새마을운동은 정부주도였지만 '근면 · 자조 · 협동'의 새마을운동 3대 정신이 상징하듯 농촌 스스로 일어서는 정신 개조운동의 성격을 띠었다.

대통령령(6458호)으로 내무부에 새마을 담당관실을 설치하고 그 산하에 4개의 과를 두었으며, 대통령 비서실에는 새마을 담당관실을 설치하였다. 이로서 새마을운동의 제도적 기반을 구축한 박정희 정부는 새마을운동을 국가총동원 체제의 기반으로 적극적으로 활용하였다. 이와 함께 박정희 전 대통령은 유신 이듬해인 1973년 연두 기자회견에서는 "10월 유신이라고 하는 것은 곧 새마을운동이고, 새마을 운동이라고 하는 것은 곧 10월 유신"이라면서 새마을운동을 유신체제를 위한 선전 도구로 이념화하였다

새마을운동이 박정희 노스탤지어의 핵심 퍼즐인 경제성장우선주의와 결합하여 박정희 전 대통령에 대한 강력한 파토스로 자리한 배경에는 박정희 당시 대통령의 정치적 욕망만이 아니라 가난에서 벗어나고자 했던 당대 민중의 바람이 함께 자리하고 있었다. 농민들의 의식계발과 능동적 참여를 독려하기 위한 정부와 언론의 다양한 문화적 선전 활동은 '부지런한 농민', '잘 사는 농촌'이라는 구호 아래 농민들의 자발적 참여와 노동력 투입을 이끌어내는데 가시적 효과를 발휘하였다. 새마을운동 전위대 역할을

한 방송은 1972년 4월부터 새마을방송을 위한 전담 기구를 설치하여 새마을 정신이나 주요 시책, 새마을 지도자 소개와 관련 미담 등을 집중 보도하면서 홍보하였다. 새마을방송협의회를 행정기관에서 주최하여 매월 정기적으로 새마을 방송의 편성과 제작을 강력 추진한 결과는 짧은 시간에 금방 효과를 볼 수 있는 마을 환경개선사업의 과정을 보여주는 도구로써 뿐만 아니라 새마을 방송 프로그램 콘테스트나 새마을 방송 유공자 선발 등은 방송을 통한 선전 효과를 넘어 방송 자체를 새마을운동에 복무하는 기능을 하였다. 이러한 일련의 과정을 통해 유신은 새마을운동이고 새마을운동은 유신이라는 정당성을 강화시켰다.

특히 새마을운동은 국민교육헌장 외우기나 국민체조, 반상회 등과 함께 자발적 동의를 이끌어 낸 계기였다. 새마을운동이 구체화된 것은 1970년 10월부터 이듬해 봄까지 정부가 전국 3만 5000개 마을에 각각 300여 포대의 시멘트를 무상으로 나누어주면서부터이다. 당시 공화당 제정위원장이었던 쌍용시멘트 소유주 김성곤이 박정희에게 시멘트업계의 재고과잉에 대한 대책을 마련해 줄 것을 요청한데 따른 결정이었다(<그 덕에 농민들은 정말 잘~ 살게 됐나요?> 한겨레 2013/03/22).

체제 정당화를 위한 통치이데올로기가 필요했던 박정희 정부는 "잘 살아보세"라는 구호 아래 새마을운동을 전국적 동원의 전기로 삼았다. 새마을운동 지도자 대회에서 연설이나 사례 발표를 통해 "종교집회의 간증"처럼 열정과 몰입으로 독려를 촉구했지만 이 과정에서 '새마을운동에 부정적 영향을 끼친다며 초가지붕이나 요강 등이 나오는 영화 장면 등은 일절 엄금하는 등의 웃지 못할 검열이 빚어지기도 했다. 새마을 교육이 기업인·대학교수·언론인 등 사회지도층 인사들에게까지 확대 실시되면서 "유신 독재를 지속시키기 위한 세뇌교육"이라는 비판이 일기도'(<유신체제와 새마을 운동> 한국일보 1999) 했다.

또한, 새마을 운동과 함께 5·16 직후부터 강제했던 반상회 또한 박정희 수사학을 지속적으로 접하는 현장이었다. 당초 반상회는 1917년 일제가 조선인 통치수단으로 '반' 조직을 활용한데서 시작되었다. 주민통제 수단으로 참석하지 않으면 요시찰 대상이 되거나 배급을 주지 않는 등의 불이익을 주었고, 1938년에는 전시 동원 체제 하에서 조선 연맹 산하의 10가구를 한 단위로 묶은 '애국반'을 만들어 사상 통제와 내핍 강요, 배급통제와 전투병 모집에 이르기까지 일제에 대한 충성 강요를 목적으로 운영되었다. 이러한 토대 위에 출발한 박정희 시절 반상회는 5·16 직후 국민재건운동과 결합하여 '재건반'이라는 명칭으로 운영되면서 정권 홍보의 전초기지가 되었다. 반장과 구청에서 파견된 담당관이 출석 점검을 하는 것으로 시작된 반상회는 매달 1일인 새마을의 날 하루 전에 열려 새마을운동과 관련된 행정지시 사항 전달이 많았다. 언론 사설을 통해 참여를 독려한 반상회에 불참한 사람들에게는 벌금까지 부과되었고, 반상회 때 배포된 회보 1면에는 대통령 담화가 실려 있었다.

[그림 4-8] 경북 문경군 반상회 때 배포된 회보

출처: 민족문제연구소. 2012년 11월 05일. "간첩잡는 아빠, 신고하는 엄마… '살벌하네'."
https://www.minjok.or.kr/archives/75129(검색일: 2022/11/07).

사실 박정희는 등장부터 인상적이었다. 앞서 이명박 전 대통령이 선거운동 기간 중에 박정희의 트레이드마크인 선글라스와 같은 모양의 선글라스를 착용했다는 내용을 소개했는데, 박정희의 선글라스는 5·16 쿠데타 당일 언론을 통해 전 국민에게 각인되었다.

[그림 4-9] 5·16 당시 쿠데타군을 이끌고 시청 앞에 도착한 박정희 소장과 일행들. 박정희 왼쪽은 박종규, 오른쪽은 차지철

출처: 한국민족문화대백과사전. "오일륙(五一六)."
http://encykorea.aks.ac.kr/Contents/Item/E0038494(2022/11/07).

5·16 쿠데타의 주역들을 담은 이 사진 속 박정희 소장의 선글라스 착용 모습은 당시 한국인들에게 낯선 만큼 강렬한 인상을 남겼다. 박정희는 심지어 국가재건최고회의 의장으로서 모내기 지

거대한 뿌리: 박정희 노스탤지어

원사업에 나서면서도 선글라스를 벗지 않았다. 5·16 군사 쿠데타 당일, 군사혁명위원회를 설치한 박정희는 당시 육군참모총장이었던 장도영으로 의장으로 하고 자신은 부의장에 취임하였으나 정변 사흘째인 5월 18일 군사혁명위원회를 입법·행정·사법의 3권을 행사하는 국가재건최고회의'로 개칭했다. 이후 군부 내 반대세력을 숙청하고 추대형식을 빌어 스스로 국가재건최고회의 의장이 되었다. 박정희는 의장으로서 1963년 여름 민정이양계획을 발표했지만, 1963년 군에 복귀한다는 혁명공약을 번복하고 육군 대장으로 예편 후 민주공화당에 입당해 제5대 대통령 선거에 출마했다. 모내기 행사에 참여하면서도 선글라스를 쓰고 포즈를 취한 아래 사진은 이토록 긴박했던 상황 도중에 연출된 모습이었다.

좌익전력으로 인해 5·16 쿠데타의 성격을 의심받던 박정희는 1961년 11월이 되어서야 미국을 방문하여 존 F. 케네디 미국 대통령을 만날 수 있었다. 언론을 통해 대대적으로 노출된 방미 당시에도 박정희 의장은 선글라스를 벗지 않았다. 의도된 연출이었는지 선글라스에 대한 각별한 애정이 있었는지는 알 수 없지만 5·16 군사 쿠데타 에 대한 대내외적 인정이 필요한 시기, 미국 방문 시는 물론 민심달래기 차원의 모내기 지원행사에서까지 선글라스를 착용한 모습은 박정희를 상징하는 강렬한 에토스로 자리하였다.

[그림 4-10] 박정희 대통령이 농촌을 찾아 모내기하는 농민들을 격려하는 모습

출처: 오픈아카이브. "박정희 대통령이 농촌을 찾아 모내기하는 농민들을 격려하는 모습."
https://archives.kdemo.or.kr/common/gallery-view2(검색일: 2022/11/07).

[그림 4-11] 농민대표들과 막걸리를 나눠마시며 담소를 나누는 박정희 대통령

출처: 오픈아카이브. "농민대표들과 막걸리를 나눠마시며 담소를 나누는 박정희 대통령."
https://archives.kdemo.or.kr/common/gallery-view2(검색일: 2022/11/07).

거대한 뿌리: 박정희 노스탤지어

[그림 4-12] 양말공장 준공식에 참석하여 공장 근로자의 설명을 듣는 육영수 여사

출처: 오픈아카이브. "양말공장 준공식에 참석하여 공장 근로자의 설명을 듣는 육영수 여사." https://archives.kdemo.or.kr/common/gallery-view2(검색일: 2022/11/07).

선글라스와 함께 막걸리는 독재자 박정희의 서민적 이미지를 상징하는 강렬한 에토스였다. 애주가로 알려진 박정희 전 대통령이 쿠데타로 권력을 찬탈하고 민정이양을 약속한 혁명공약을 번복하면서 유신을 통한 장기집권을 도모했던 전 과정에서 막걸리는 단순한 술 이상의 의미였다. 보릿고개에서 나라를 구한 구국의

영도자라는 인식은 박정희의 이러한 서민적 풍모를 바탕으로 구축된 에토스였다. 박정희의 에토스를 강화하는데 빠질 수 없는 존재가 부인 육영수 여사다. 한복, 올림머리, 목련꽃 등으로 상징되는 부인 육영수 여사의 이미지는 대통령 박정희의 독재자 이미지를 희석하고 신뢰성을 더하는 촉매제였다.

군부독재시기에 유독 대통령의 감성적 리더십이 강하게 표출되었고, 영부인 중에서 육영수 여사는 감성에 부응하는 '전략적 감성적 리더십'의 특성을 지닌다(박종민·이세영 2021)[46]. 엄혹한 유신시절 형성된 영부인의 이미지가 유신통치를 수용하는데 기여한 단단한 에토스로 자리한 것이다.

대통령 박근혜와 박정희

"지도자는 관료들의 부정부패를 철저히 차단해서 국민들이 정부를 신뢰할 수 있도록 만들었고, 정치적 인기에 영합하지 않는 순수한 열정으로 도시와 농촌이 더불어 잘 사는 나라를 만들기 위해 헌신했다"(<박대통령 "새마을운동 성공요인은 지도자 리더십과 인센티브, 경쟁"> 중앙일보 2015/09/27)는 박근혜 대통령의 당시 뉴욕 발언은 우리 시대의 박정희 노스탤지어를 일깨운다.

경기침체의 우려가 확산되었던 2015년 9월, 박근혜대통령은 미국 뉴욕에서 반기문 유엔 사무총장과 함께 아버지 박정희 전 대통령의 새마을운동 칭송 이벤트를 벌였다. 10·26 이후 박정희 정부 시절의 극심한 부정부패는 이미 두루 알려진 이야기임에도 박정희의 딸 박근혜는 대한민국 현직 대통령으로서 해외에 나가 아버지 박정희가 관료들의 부정부패를 철저히 차단했다.

박근혜의 박정희 마케팅이 잘 드러내듯이 '대통령 박근혜'는 박정희 노스탤지어의 영향으로 가능했다. 국민의당 안철수 전 대표는 여성대통령이자 부녀 대통령, 현직에서 탄핵되어 구속된 대통령이라는 기록 모두 최초인 정치인 박근혜를 두고 "박근혜가 박정희의 딸이 아니었으면 어떻게 대통령이 됐겠느냐"고 주장했다(SBS 2017/04/02). 또한. 외신조차 '박정희 아바타'라고 까지 했다(<CNN "박정희-노무현 아바타의 대결"> 한국경제 2012/12/19).

그러나 '대통령 박근혜'는 단지 박정희의 '아바타'나 '코스프레', '따라하기' 등의 제한적 단어로만은 설명할 수 없는 보다 광범위한 현상의 결과다. '대통령 박근혜'는 생물학적으로 박정희의 딸을 넘어 박정희 노스탤지어의 정치적 구현임을 알 수 있는 세 가지 측면이 있다.

첫째, 대통령 박근혜의 정치적 경험이 유신체제에서 출발한다는 점이다. 대통령의 딸로서 체득한 유형무형의 자산 이외에 박근혜는 1974년부터 퍼스트레이디 역할을 대행하면서 실질적인 정치 활동을 했다. 만 21살이던 1974년 걸스카우트 명예총재와 육영수여사추모기념사업회 이사장(1975)을 지냈다. 1977년 3월부터는 구국여성봉사단의 총재로써 아버지의 새마을운동에 보조를 맞춘 '새마음운동'을 대대적으로 전개했다. 1978년부터 1980년까지는 기관지 <새마음>을 발행하고 사설을 통해 정신혁명을 강조하였다. 박정희 대통령도 1977년 새해 기자회견을 통해 "새마음으로 자기 혁명을 이룩해야 한다"면서 딸 박근혜 주도의 새마음운동을 적극 독려했다. 이렇게 박근혜는 유신 철권 통치 속에서도 20대 초반부터 박정희 전 대통령의 지원 속에 정치적 활동을 활발하게 전재했다. 10·26이 발발했던 1979년 당시에도 박근혜는 새마음봉사단 총재와 경로복지원 이사장으로 대외활동을 하고 있었다.

둘째, 박근혜는 달성 보궐 선거를 통해서 정치인으로 전면 등장하기 전에도 유신체제의 유산을 누리며 유신 체제 정당화에 매진해왔다. 1980년 당시 전두환 합동수사본부장은 청와대 대통령 집무실 금고에서 발견한 박정희의 비밀 자금 9억 6천만 원 중 6억 1천만 원을 박근혜에게 주었다고 말한 것으로 알려져 있다(한겨레 2013/08/06). 박근혜는 이 일로 17대 대선후보 경선 당시 이명박에게, 지난 2012년 18대 대선후보 첫 TV 토론회에서는 당시 이정희 통합진보당 후보에게 공세를 당했다. 이정희 후보는 현재로 따지면 160억 원의 가치가 있는 이 돈은 "박 전 대통령이 재벌로부터 받은 돈"이라고 특정하며 '검은 돈'으로 규정했다. 이에 박근혜 후보는 별다른 반박 없이 어린 동생들과 살길이 막막한 상황에서 경황없이 받았다며 "나중에 사회에 환원하겠다."(<박 '전두환이 준 6억' 떳떳치 않은 돈 시인…대선 쟁점으로> 한겨레 2012/12/05)고 했지만 환원했다는 소식은 아직 없다.

흔히 언론에서는 박근혜가 1979년 10·26으로 청와대를 나온 이후 1997년 12월 한나라당(지금의 국민의 힘)에 입당하기까지 18년간 야인생활 혹은 은둔생활을 했다는 표현을 자주 하지만, 본인 표현대로 나름대로 활발한 사회활동을 했던 것으로 확인된다. 박근혜의 사회활동 기반은 유신 정권의 유산이었다. 경제적 자산은 차치하더라도 한국문화재단 이사장, 영남대학교 이사장, 육영재단 이사장, 근화봉사단 회장, 정수장학회 이사장 등 박근혜의 경력을 차지하는 이사장 자리는 모두 박정희 체제의 유산으로 주어진 것이다. 박근혜를 이를 기반으로 정치권 진입 전까지 유신의 정당성 확보를 위해 매진했다.

전두환 신군부의 출현으로 소멸했던 새마음운동 조직이 1987년 민주화 이후 부활하면서 1988년에는 '박정희 대통령·육영수 여사 기념사업회'로 부활했다. 1989년에는 국민 정신개혁을 목적으로 했던 새마음봉사단을 재건한 근화봉사단이 출범했다. 육영재단 이사장이었던 박근혜는 이들 조직의 회장도 겸직했다.

1989년, 당시 38세였던 박근혜는 10·26 10주기를 기념하여 작정이라도 한 듯이 유신 이후 최초로 방송에 등장, 5·16을 "구국의 혁명"이라고 주장하는 등 2시간 동안 박정희 미화에 나서 논란이 되었다.

2012년 대선과정에서 공개된 2시간 방송 전문은 이밖에도 2가지 측면에서 박정희 노스탤지어의 오늘을 돌아보게 한다. "심혈을 기울여서 하고 있는 것이 "부모님 기념사업"이라면서도, 정치 계획을 묻는 질문에는 "지금 뭐, 느닷없이 정치에 진출할거다, 안할거다, 그런 얘기부터가 어울리지가 않는 것 같아요."라고 얼버무림으로써 향후 정치진출의 여지를 남긴 것이다(<뉴스타파 26회 시선 - "박근혜씨, 아버지를 말한다" [전문]> 2012/09/14).

[그림 4-13] 1989년 MBC 프로그램에 출연 중인 박근혜 육영재단 이사장

출처: 뉴스타파 시선.

이후 신문 인터뷰에서는 "아버지가 하신 일에 대한 왜곡과 잘못된 인식을 바로 하는 일을 할 수 없다면 아무런 보람도, 의미도, 기쁨도 있을 수 없다"(<국민일보 인터뷰(1989/10/22)> 한겨레 2015/11/02)면서 향후 대통령 재임 기간 내내 논란이 되었던 역사교과서 국정화 논란을 예고했다(<교육부 "국정교과서, 박근혜 청와대 주도 '불법 TF'가 추진"> 한겨레 2018/03/28).

박근혜가 『근화보』라는 매체를 창간, 발행인·편집인을 맡고 아버지 미화에 나선 것도 1989년이었다. "근대사 가장 위대한 인

거대한 뿌리: 박정희 노스탤지어

물은 박정희", "박정희 대통령이 근대사에서 국민을 구한 가장 위대한 인물이어야 한다. 조선시대 세종대왕과 같은 위치로 부각돼야 한다"는 글을 싣고 '박정희 대통령·육영수 여사 기념 사업회'와 전국 조직망을 갖춘 '근화 봉사단'을 통해 전국에 배포되었다 (<새마음 새역사 운동 - 교과서 국정화의 뿌리, 새마음운동과 근화봉사단> 한겨레 21 2015/11/02).

'대통령 박근혜'가 박정희 노스탤지어의 유산임을 가리키는 세 번째 측면은 박근혜는 박정희 노스탤지어를 정치적 자산으로 적극 활용하고 증폭시키는데 정치활동의 초점을 두었다는 점이다. 박근혜가 정치무대에서 처음으로 한 일은 박정희 노스탤지를 자극하고 적극 활용하고 공론화한 것이다. 15대 국회의원 보궐선거의 구호는 "박정희가 세운 경제 박근혜가 지킨다"였고, 선거 기간 내내 "아버지"를 연호했다.

"당시 엄삼탁 후보를 지원하러 대구 달성 보궐선거 현장에 내려갔어요. 지근거리에서 바바리코트를 입은 박근혜 후보가 아무 말 없이 악수도 없이 그냥 측은한 인상으로 좌중을 한번 훑어보기만 하는 거예요. 그러자 거기에 있던 아주머니들이 펑펑 울고 어떤 분은 이고 가던 나물 그릇을 엎어버리더니 대성통곡을 해요. 우린 선거운동을 할 수도 없었죠. 아버지의 후광과 부모가 흉탄에 돌아가신 안타까움이 회상되면서 유권자들이 반응한 것이죠. 이제 이것은 촛불 이전의 유산이 됐습니다."는 추미애의 소회(<인터뷰 추미애 더불어민주당 대표> 신동아 2017/12/24)는 박정희 노스탤지어에 관한 생생한 증언이다.

박근혜는 당선 소감을 묻는 경향신문 기자에게 "부강하고 튼튼한 나라를 만들고자 노력하시다 비운에 가신 아버지의 모습이 떠오른다. 한 사람의 정치인으로서 앞으로 아버지의 유업을 계승·발전시켜야 하겠다는 의무감을 느낀다. 깨끗하고 큰 정치인으로 성장하겠다"고 밝혔다(<[어제의 오늘]1998년 박근혜, 4·2재보선 국회의원 당선> 경향신문 2011/04/01). 이는 단지 선거를 위해 소위 '감성팔이' 차원에서 아버지를 호명한 것이 아니라 유신체제에서 정치적 세례를 받고 아버지의 후광으로 정치무대에 데뷔한 만큼 향후 본격적으로 아버지 살리기에 매진하겠다는 일종의 선언이자 박정희 노스탤지어 확산의 예고였다.

실제 이후 박근혜는 압도적인 지지를 기반으로 박정희 노스탤지어를 추동하는 정치 행위를 지속했다. 제15대 보궐선거(1998)부터 제18대 국회의원 선거(2008)까지 연달아 4선을 대구 달성군에서 기록한 경이적인 득표율(15대 62.50%, 16대 61.39%, 17대 70.03%, 18대 88.57%)은 박정희 노스탤지어에 바탕을 둔 정치인 박근혜의 정치적 자산을 상징한다.

박근혜는 2004년 노무현 대통령 탄핵 역풍으로 한나라당 주요 인사들이 몰락한 상황에서 당대표로 선출되면서 보수의 아이콘으로 부상했다. 박근혜는 대표 취임 후 첫 조치로 2002년 대선 당시 이회창 한나라당 후보 측근의 불법선거자금 모금으로 인한 '차떼기당'이라는 오명에서 벗어나고자 '천막 당사'를 추진했다.

거대한 뿌리: 박정희 노스탤지어

취임후 여당인 열린우리당을 상대로 보궐선거, 지방선거에서 완승을 거두면서 '선거의 여왕'이라는 별칭까지 얻었다. 그 이전까지 보수의 상징적 얼굴이었다면 선거 승리 후 보수의 리더로 부상한 박근혜의 행보는 더욱 과감해져 2005년 사학법 개정 장외투쟁 시에는 당초 '원내외 병행 투쟁론'을 주장하던 한나라당 의원총회 분위기를 강경발언과 '눈물'로 뒤집고 연말 장외투쟁 정국을 주도했다.

[그림 4-16] 2008년 18대 총선 당시 '친박연대'의 신문광고ⓒ친박연대

출처: 오마이뉴스. 2016년 04월 28일. "2008년 18대 총선에서 친박연대가 신문에 했던 광고." http://www.ohmynews.com/NWS_Web/View/img_pg.aspx?CNTN_CD=IE001956050(검색일: 2022/11/07).

제4회동시지방선거(2006/05/31)에서 면도칼 테러를 당하면서

도 선거운동을 이끌어 한나라당의 완승에 기여하면서 선거의 여왕임을 증명하였다. 18대 총선(2008/04/09)에서는 공식적으로 지원하지는 않았지만 박근혜 개인의 이름을 내건 '친박연대'와 '친박 무소속 연대'가 대선전하며 당시 광고가 상징하듯 박근혜의 이름값을 증명하였다.

이후 박근혜는 18대 대선 전초전 성격인 19대 총선(2012/04/11)을 앞두고 또 다시 구원투수(비상대책위원장)로 등판하여 승리를 이끌었다. 이어지는 제18대 대통령 선거(2012/12/19)에서 민주통합당 문재인 후보를 상대로 승리, 제18대 대한민국 대통령에 당선됨으로써 본인이 출마하거나 이끈 선거에서 모두 승리하였다.

박근혜는 한나라당 대표 시절 김대중 전 대통령의 자택을 방문, 비공개 면담 자리에서 "아버지 시절 여러 가지로 피해를 입으시고 고생한 데 대해 딸로서 사과말씀 드린다"고 한 적(2004/08/12)이 있다. 하지만, 한나라당 대선 후보 검증 청문회(2007/07/19)에서는 준비된 내용에도 불구하고 "5·16은 구국의 혁명"이라 답하면서 파문을 일으켰다. 박근혜 새누리당 경선 후보는 공식 석상에서 다시 "나라 발전을 돌아볼 때 5·16이 오늘 한국의 초석을 만들었다. 돌아가신 아버지로서는 불가피하게 최선의 선택을 한 게 아닌가"라고 발언했다(한국신문방송편집인협회 초청 토론회 2012/07/16). 이를 두고 야권은 물론 당내 경선 경쟁자들의 공세가 이어졌다. 하지만 방송3사 주최 새누리당 대선후보 경선 합동토론회에서 "대통령이 되면 5·16을 쿠데타로 규정한 교과

서를 개정하겠느냐"는 질문에 "제 발언에 찬성하는 국민이 50% 정도 된다. 50%가 넘는 국민이 잘못됐다는 것이냐"라고 반박했다(<박근혜 "내 5·16발언, 찬성 50%넘어"…누리꾼 '멘붕적 역사관'> 한겨레 2012/07/25).

그러다 박근혜는 새누리당 대선후보 확정 후 약 한 달 만에 과거사 기자회견을 통해 "5·16, 유신, 인혁당 사건 등은 헌법가치가 훼손되고, 대한민국의 정치발전을 지연시킨 결과를 가져왔다고 생각한다"며 "이로 인해 상처와 피해를 입은 분들과 그 가족들에게 다시 한번 진심으로 사과 드린다"고 했다. 그러면서도 "국민들께서 제게 진정 원하시는게 딸인 제가 아버지 무덤에 침을 뱉은 것을 원하지는 않을 것이다"며 "대통령을 아버지로 두었기에 역사 소용돌이 피해갈수 없었다. 어머니 아버지 두분을 흉탄에 보내드리고 개인적으로 절망의 바다까지 내려갔다"는 심경을 전했다(<박근혜 "5·16과 유신, 인혁당 사건 헌법가치 훼손"> 경향신문 2012/09/24). 대선을 하루 앞둔 마지막 기자회견에서도 "다시 한번 '잘 살아보세'의 신화를 이루겠습니다.", "그동안 어렵고 힘든 삶, 이제 저 박근혜가 국민 여러분의 삶과 동행하면서 지켜드리겠다. 제 개인을 위한 대통령이 아니라, 대한민국의 대통령 되겠다"며 박정희 노스탤지어를 자극한 것과 같은 맥락이다(<박근혜 "다시 한번 '잘 살아보세'의 신화를 이루겠다"> 경향신문 2012/12/18).

대선후보로 확정되어 대통령에 당선되기까지 불리한 상황에서도 결국 변치 않는 박근혜의 인식은 박정희 노스탤지어라는 든

든한 정치적 자산이 없으면 가능하지 않았을 것이다. "유신 없이는 아마도 공산당의 밥이 됐을지도 모른다.", "혼란 속에 나라를 빼앗기고 공산당 앞에 수백만이 죽어 갔다면 그 흐리멍텅한 소위 민주주의가 더 잔학한 것이었다고 말할지 누가 알 수 있으랴"(박근혜 일기 1981/10/28)는 정치 데뷔 전의 인식이 이후 정치행보에서 일관되게 이어진 것이다. '이쯤 되면 이 생각은 정치를 넘어 종교적 확신, 신앙에 가까운 것이 된다'(<역사인식보다 민주주의의 문제다> 경향신문 2012/09/18)는 보도처럼 박근혜는 18대 대통령 재임기간은 물론 탄핵과 구속, 사면까지의 전 과정에서, 그리고 사면 직전 출간한 옥중서간집이나 20대 대선과정에서 표출된 메시지를 관통하는 중요한 키워드 중의 하나는 박정희 노스탤지어였다.

제5장

미래

어디로 갈 것인가?

　　　　　　　　세계가 판데믹으로 전례없는 위기를 경험하고 있는 2021년 여름 한국은 새로운 역사를 썼다. 유엔무역개발회의(UNCAT)가 1964년 설립된 이래 최초로 한국이 개도국에서 선진국으로 위상이 변경된 것이다. 결정에 참여한 회원국의 만장일치로 한국은 선진국으로 인정받았다. 한국은 국내 총생산(GDP)과 무역 규모로서는 이미 세계 10위권 경제대국으로 성장했다. 원조를 받던 가장 가난한 나라 중 하나였던 한국이 추격모델을 통해서 선진국의 반열에 오른 것이다.

　　선진국의 지위에 오른 한국에서 위로부터 권위주의적 동원을 통해서 급격한 성장을 이뤘던 박정희 모델이 더 이상 유효한 모델이 아니라는 것은 이론의 여지가 없다. 선진국의 반열에 오른 한국에서 박정희 노스탤지어의 미래는 어떠한 모습을 가질까? 박정희 노스탤지어의 미래와 관련하여 중요한 변곡점은 박근혜 전대통령의 탄핵과 구속이었다. 박근혜 전대통령의 등장과 몰락이 박정희 노스탤지어에 미치는 영향에 대한 심층적인 분석은 아직 존재하지 않는다. 그동안 언론을 중심으로 제시된 다양한 입장을 정리하면 세가지 흐름으로 정리할 수 있다(강우진 2019)[47].

박근혜 탄핵, 그 이후

먼저, 박근혜의 당선으로 박정희 노스탤지어의 정치적 목적이 달성되었다는 입장이다. 2012년 박근혜를 지지했던 적지 않은 지지자들은 박근혜를 총탄에 비극적으로 돌아가신 영부인을 대신하여 청와대에서 영부인 역할을 하던 박정희 대통령의 영애로 회고했다. 대선 당시 유세장에서 박근혜 지지자들이 박근혜를 보고 짠하다고 하거나 심지어는 눈물을 흘리는 모습이 적지 않게 목격되곤 했다(한국일보 2020/01/30). 일부 박정희 전 대통령 지지자들은 박정희 대통령의 딸인 박근혜에 대한 절대적인 지지를 통해서 비극적인 삶을 마감한 박정희 전 대통령 부부에 대한 정치적 신원(伸冤)을 시도하였다. 앞장에서 간단히 살펴본 대로 박정희-육영수-박근혜를 신성한 3위 일체로 인식하는 사람들이 있었다.

이 시각에 따르면 한국 최초 부녀 대통령의 탄생으로 박정희 노스탤지어의 정치적 역할이 일정하게 달성되었다.

둘째, 보다 거시적인 시각에서 박근혜·최순실 게이트로 박정희 체제의 특징인 한국형 정경유착이 파국을 맞이했다고 본다. 공적으로 위임한 권력을 사유화한 신가산제 체제의 기원은 박정희 체제다. 박근혜의 정치적 몰락은 박정희 모델의 몰락을 나타낸다. 촛불 항쟁이 한창이던 시점에서 개최된 한 토론회에서 최장집 교수는 "박근혜 정부의 파탄은 1960-70년대 시행되고 완성된 권위주의적 산업화 또는 경제 성장 모델 즉 박정희 모델 또는 박정희 패러다임이 그 시대적 역할을 다했음에도 그것을 부활시키고 재

[그림 5-1] 박근혜 대통령 탄핵 결정에 10일 헌재 인근에서 열린 제20차 박근혜 대통령 탄핵기각 위한 국민 총궐기 대회에 참석한 친박단체 회원과 시민들이 탄핵을 인정하지 않는다고 눈물을 흘리고 있다

출처: 오마이뉴스 2017/03/10.

현하려 했던 국가의 구조와 그 운영 원리의 시대착오적 성격에서 비롯되었다”고 일갈했다(프레시안 2016/11/15). 특히 탄핵 이후 정치적으로 몰락한 박근혜 전대통령이 박정희의 노스탤지어의 영향력을 묻었다(박근혜가 묻어버린 ‘박정희 신드롬’ 백철 2016/12/17). 예를 들어 한홍구 교수는 탄핵 인용 결정으로 “박정희 신드롬을 박근혜에 대한 환멸과 함께 묻어버리게 될 것”이라고 예측했다(미디어 오늘 2017/03/10).

셋째, 박근혜가 탄핵을 당하였지만, 박정희 노스탤지어는 여전하다는 시각이다. 탄핵 와중에서 박정희 지지자의 일부는 박근혜가 아버지의 업적을 망쳤다는 태도를 보였다. 한 고령의 지지자

(75세)는 "박정희는 존경하지만 박근혜는 대통령 자격이 없다."고 비판했다(프레시안 2016/11/11). 이러한 입장은 박정희 체제를 직접 경험하지 않은 세대에서도 나타났다. 박정희를 존경하는 40대 대구 시민은 탄핵 후 실시된 한 언론사 좌담회에서 "박정희 얼굴에 먹칠을 한게 가장 속상하다"고 토로했다. 그는 "내가 박정희를 존경하는 이유는 사람으로 좋아하는 게 아니다. 대통령으로서 한 일을 좋아한다. 박근혜가 무능하다고 해서 박정희의 업적을 폄하할 이유가 없다." 고 밝혔다(한겨레 2017/01/11).

많은 앞선 연구가 전직 대통령에 대한 선호도 조사를 통해서 박정희 노스탤지어를 측정한다. 박정희 전 대통령에 대한 선호도가 높게 나오면 박정희 노스탤지어가 확산된 것으로 본다. 하지만 이 책이 주장하는 것처럼 박정희 노스탤지어는 전직 대통령 박정희에 대한 단순한 회고적인 지지를 넘어서는 다층적이고 체계적인 현상이다. 박정희 노스탤지어의 핵심에는 박정희 집권 기간 동안 이룩한 한국형 경제발전 모델 구축에 대한 시민들의 인정과 지지가 있다. 한 원로 진보적 지식인의 표현에 따르면 박정희는 (다수 국민들의 시각에 따르면) '지속 불가능한 발전의 유공자'로 평가할 수 있다(백낙청 2005)[48].

위의 세 시각 중에서 박근혜의 탄핵과 구속으로 박정희 노스탤지어도 잦아들 수밖에 없을 거라는 시각은 박정희 노스탤지어를 전직 대통령에 대한 선호로 일치시키는 대표적인 입장이다. 전직 대통령에 대한 선호는 정치적 국면에 따라서 유동적이며 조사마다 서로 다른 결과를 나타내기도 한다.

2000년 이후 전직 대통령에 대한 선호의 변화를 시계열적으로 파악할 수 있는 조사는 한국 갤럽의 조사다. [그림 5-2]는 2004년, 2014년, 2019년 조사를 통해서 확인된 전직 대통령 선호도 상위 3위를 시각적으로 나타낸다. 박정희 대통령에 대한 선호는 2004년 절반에 가까운 48%로서 정점을 기록했다가 2014년과 2019년 조사에서는 노무현 대통령에 뒤져 2위를 기록했다.

[그림 5-2] 가장 좋아하는 대통령 상위 변화

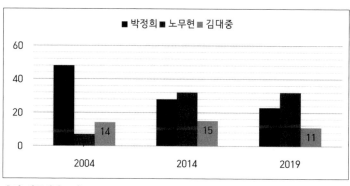

출처: 한국갤럽 조사(2004, 2014, 2019).
참고: 수치는 퍼센트.

2019년 조사는 박근혜 탄핵 사태에 영향을 받은 것으로 볼 수 있다. 그렇다면 박근혜 탄핵과 함께 박정희 노스탤지어는 그 시효를 다한 것인가? 위의 조사와는 반대되는 결과를 나타낸 여론조사도 있다. 제20대 대선(2022/03/09)을 4개월여 앞두고 실시된 여론조사(리얼미터 2021/11/11)에 따르면 가장 '호감'가는 대통령과 가장 '업적'이 많은 대통령 모두에서 박정희 대통령이 1위를 차지했다. 선호도에서는 박정희 전 대통령이 32.3%로 1위를 차지했고 노무현 대통령이 근소한 차이인 24% 지지로 2위를 차지했다 (7.3%차). 하지만 업적이 많은 대통령 항목에서는 절반에 가까운 47.9%지지를 얻어 2위인 김대중 전대통령(15.4%)를 압도했다.

서로 상충되는 변화하는 여론조사를 살펴보면 이 책의 일관된 주장대로 박정희 노스탤지어를 전직 대통령 박정희에 대한 선호를 기반으로 분석할 수 없다는 것을 알 수 있다. 이 책은 박정희 노스탤지어의 원천으로서 이미 그 역사적 역할을 했지만 시민들이 여전히 굳건한 지지를 보내고 있는 박정희 경제체제의 헤게모니적 지위에 주목했다.

앞서 간단히 살펴본 대로 한국은 산업화를 본격적으로 시작할 1960년에는 가장 가난한 나라중의 하나였다. 하지만 이제 세계 10권 경제 대국으로 선진국 클럽에 진입했다. 한국의 경제 수준의 급격하게 변화하였음에도 불구하고 박정희 정부가 경제성장에 미친 영향에 대한 시민들의 긍정적인 평가는 여전히 압도적이다. 동아시아 연구원(East Asia Institute, EAI)의 한국인의 정체성 자료를 통해서 시계열적인 변화를 추적해 보자.

EAI 2005년 조사에서 박정희 정부가 경제성장에 미친 영향을 묻는 질문에 응답자의 97.11%가 긍정적인 영향을 미쳤다고 답했다. 매우 긍정적인 영향을 미쳤다는 응답자의 비율도 3분의 2

가 넘는 67.34%였다. 2010년 조사에서도 긍정적인 평가 비율은 94.11%로 큰 차이가 없었다. 매우 긍정적인 영향을 미쳤다는 응답자의 비율도 절반이 넘는 56.82%에 달했다. 2015년 조사에서도 긍정적인 평가 비율은 93.3%로 비슷했다. 매우 긍정적인 영향을 미쳤다는 평가 비율도 절반이 넘는 56.9%였다.

그렇다면 박근혜 탄핵과 구속으로 정치적으로 몰락한 이후 실시된 조사인 2020년 조사에서는 박정희 정부가 경제성장에 미친 영향에 대한 시민들의 평가는 어떻게 변화했는가? 긍정적인 평가의 비율은 앞선 세 번의 조사(05, 10, 15)보다는 미세하게 감소했지만, 여전히 압도적인 비율인 91.1%였다. 매우 긍정적인 영향을 미쳤다는 비율은 다소 감소하여 40.5%였다. 특히 주목해야 하는 것은 박정희를 경험하지 않은 40세 이하의 박정희 정부가 경제성장에 미친 긍정적 평가 비율이다. 40세 이하 긍정적인 영향을 미쳤다는 비율은 83.0(20대)-89.4%(30대)에 달했다. 전체 평균 91.1%와 큰 차이가 없었다. 이 문제를 20-30대만을 대상으로 한 조사인 경북대민주주의 연구팀의 최근 여론조사(2021)를 통해서 좀더 살펴보자. 역대 정부가 경제발전에 얼마나 기여했는지를 상대적으로 평가하는 조사가 청년층의 박정희 노스탤지어를 좀더 잘 포착할 수 있다. '역대 정부중에서 경제발전에 가장 기여했다고 생각하는 정부'에 대한 질문에 2-30대 청년층은 응답자의 3분의 1이 넘는 37.3%(373명)이 박정희 정부를 선택했다. 이 수치는 2-3위를 차지한 김대중 정부(18.1%)와 노무현 정부(17.1%)에 대한 지지의 두배가 넘는 수치다.

위 자료를 통해서 알 수 있는 사실은 박정희를 경험하지 않은 젊은 세대도 경제발전에 대해서는 박정희 정부의 역사적 저작권을 인정하는 데 있어서 나이 든 세대와 큰 차이가 없다는 것이다. 그리스 로마 신화에서 아버지였던 크레타의 왕 미노스를 배신한 딸 아리아드네와 같이 박근혜가 박정희를 배신하여 박정희 노스탤지어를 지울 것이라는 주장이 제기되었다. 하지만, 박정희의 딸 박근혜는 탄핵당했지만 박정희 노스탤지어는 여전히 건재하고 상당히 지속될 것이다.

박정희 노스탤지어는 어떻게 재생산되는가?

박정희 체제는 위수령과 긴급조치로 상징되는 민주주의 후퇴의 음울한 시대였다. 하지만 한편으로는 '잘살아보세'로 상징되는 국민들의 경제성장의 열망을 동력 삼아 위로부터 권위주의적 동원에 의해서 급속한 경제성장을 이룩한 변화의 시기였다. 박정희 정권이 비극적으로 몰락하는지 40년이 넘었고 보수가 정치적으로 궤멸의 수준까지 몰락한 위기를 겪으면서도 박정희 노스탤지어가 굳건히 유지되었다는 사실이 의미하는 것은 무엇인가?

2021년 박정희를 경험하지 못한 1980년 이후 출생자가 이미 인구의 40%를 넘어섰다. 박정희 노스탤지어는 이 책이 주장하는 바와 같이 단순히 박정희 시대를 경험했던 연령층에 국한된 현상이 아니다. 이는 박정희 노스탤지어가 제도화된 재생산 메커니즘을 통해서 박정희 체제를 경험하지 않은 젊은 층에도 전승된다는 것을 의미한다. 박정희 노스탤지어 재생산 메커니즘은 박정희 정권의 지배 이데올로기였으며 민주화 이후에도 한국 사회에서 여전히 헤게모니적인 지위를 유지하고 있는 경제성장우선주의다. 경제성장우선주의는 한 사회발전의 핵심 요소가 경제성장(economic growth)에 있다고 보고 경제성장을 지상 과제이자 최대명제로 간주하는 이념이다(윤상우 2016; 강우진 2019)[49].

5·16 군사 쿠데타로 집권한 군부는 혁명 공약 4호에서 "절망과 기아선상에서 허덕이는 민생고를 시급히 해결하고 국가 자주 경제 재건에 총력을 경주한다"고 제시했다. 박정희는 민정이양 이후 치러진 제5대 선거(1963년)대선에서 1.5%차(15만 6026표)로 신승하고 나서 첫 번째 8·15 경축사에서 제3공화국의 국정철학을 보다 구체화한다. 박정희는 "가난에서 벗어나 민생을 향상시키는 일이 무엇보다도 앞서 해결되어야 할 시급한 문제입니다. 민주주의의 건전한 발전도 복지국가의 건설도 승공 통일을 위한 국력 배양도 결국 경제 건설의 성패 여하에 달려있는 것입니다(1964년 제19주년 8·15 경축사)[50]."라고 강조했다. 이처럼 쿠데타를 통해서 집권한 박정희 정부는 경제성장을 통한 민생고의 해결을 정권의 존립 근거로 삼았다. 경제성장의 방법으로는 군정 초기 시행착오를 겪으면서 수출주도형 대외지향적 경제성장 전략에 집중했다. 이후 1965년에는 수출이 국정 목표로 격상되었고 '수출 제일주의'

'수출입국'의 구호가 전국적으로 제창되었다. 박정희 정권기 핵심 정책 브레인이었던 오원철의 회고에 따르면 당시 국시(國是)는 '수출제일주의'였다(오원철 2006)[51].

경제성장우선주의의 중요한 특징은 한국 민주주의가 (최소한) 제도적 수준에서 안정적으로 공고화되는 과정에서도 그 영향력이 줄어들지 않았다는 것이다. 민주화 이후 민주주의가 권위주의로 퇴행하지 않고 공고화되는 최소한의 기준인 두 번의 정권 교체(two-turnover test)를 경험했던 이명박 정부의 출범 후 실시된 ABS 3차 조사(2011) 결과를 보면 응답자의 절반이 넘는 58.75%가 경제발전이 민주주의보다 더 중요하다고 답했다. 반면에 민주주의가 더 중요하다고 답한 응답자의 비율은 경제발전 선호의 절반에 못 미치는 23.46%에 그쳤다(둘다 중요하다 16.65%). 2015년 ABS 4차 조사에서도 경제발전에 대한 선호는 절반을 유지했다.

경제성장우선주의는 한국 정치의 중요한 이슈로 부상한 복지 이슈와 비교해 볼 때도 여전히 큰 영향력을 가지고 있다. 민주화 이후 최초로 진영 간 대립으로 치러졌던 2012년 제18대 대통령 선거는 복지이슈가 유권자의 선택에 중요한 영향을 미친 선거로 알려져 있다. 선거의 여왕으로 불리며 한나라당 이후 보수 정당의 재건을 이끌어 왔던 박근혜 후보는 선거를 앞두고 보수정당 최초로 정강정책을 수정하여 복지정책을 포함시켰다. 또한 대선을 앞두고 모든 노인에게 20만원을 지급하겠다는 노령연금을 공약했다. 복지 이슈가 대선 전면에 부상하였다. 하지만 한 연구에 따르면 유권자의 박근혜 후보에 대한 지지를 결정한 변수는 복지 정책이 아니라 경제성장에 대한 선호의 일치였다(강우진 2013)[52]. 제18대 대선 직후 실시된 여론조사에 따르면 차기정부의 해결 과제 순위에서 응답자의 절반이 넘는 54.8%가 시급히 해결해야 할 과제로서 경제성장을 선택했다(서울대 한국정치연구소 2012).

　　민주화 이후에도 다른 가치를 압도하는 경제성장우선주의를 통해서 박정희 노스탤지어는 재생산된다. 박정희 정권 시기 한국은 평균 10%를 넘나드는 경제성장을 이룩했다. 박정희 정권기 급속한 경제성장은 재벌중심의 대외지향적 수출주도형 경제발전 전략을 통해서 이루어졌다. 박정희 정권을 계승한 전두환 정권 시기에서도 3저(저금리, 저유가, 저달러) 호황의 대외적인 호조건에 힘입어 연평균 10%내외의 경제성장을 이어갔다. 하지만 민주화 이후 상황은 매우 달랐다. 민주화 과정은 전례를 찾기 힘든 외환위기와 중첩되었다.

　　그런데도 민주화 이후 집권한 정부는 이른바 민주정부 조차도 더 많은 성장에 집착했다. 한국은 이미 고도성장의 시대를 지나 저성장에 시대에 진입하고 있었다. 또한 당시의 시대적 과제는 더 많은 성장이 아니라 외환위기 극복과정에서 한국 사회의 화두로 떠오른 경제적 불평등 이슈였다. 즉 더 많은 성장이 아니라 누구를 위한 어떤 성장이냐가 중요한 문제였던 것이다. 개인은 생애 주기에 따라서 과업이 달라진다. 사회도 예외가 아니다. 산업화를 막 시작하던 시기와 고도성장을 통해서 산업화의 기반을 마련한 후 심화 단계에서 과업은 달라져야 한다.

박정희 노스탤지어의 미래를 결정하는 변수는 박정희 체제를 경험하지 않은 청년층의 인식과 태도다. 경북대민주주의 연구팀 조사(2021)에 따르면 한국이 선진국의 지위에 오른 후에도 청년층 응답자의 3분의 1 가량(32.7%, 사례수 1000명)이 민주주의보다 경제발전이 더 중요하다고 인식했다. 더구나 박정희 체제의 정당성과 직접적인 관련이 있는 '군부권위주의 시기 한국의 경제성장을 위해서는 독재가 불가피했다'라는 문항에 비슷한 수치인 31.9%가 동의했다.

그렇다면 경제성장우선주의는 청년층의 박정희 노스탤지어에 얼마나 영향을 미쳤나? 경제성장우선 주의를 지지하는 집단이 박정희 정부가 경제성장에 가장 큰 기여를 했다는 평가의 비율은 42.2%로 나타나 전체 집단의 37.30%에 비해서 5%정도 높았다. 또한 개발독재불가피론을 지지하는 집단의 경우 박정희 정부가 경제성장에 가장 큰 기여를 했다고 평가하는 비율은 절반이 넘는 53.92%로 크게 증가했다(16.62%차).

청년들의 목소리를 통해서 직접 살펴보자.

"누군가 내게 부모님을 제외하고 가장 존경하는 인물이 누구냐고 물었을 때 나는 한치의 주저함도 없다 '박정희 대통령'이라고 답한다. 왜 박정희 대통령을 가장 존경하는 인물로 뽑았냐는 질문에는 "그가 대한민국을 가난에서 벗어나 세계속의 당강한 국가로 만들었기 때문'이라고 답한다 (우씨) (우상원 2018).[53]

"박정희 대통령은 빈민층의 삶을 벗어날 수 없었던 노동자들을 위한 교육기관을 만들고, 그들이 가능공의 역학을 수행하고 중산층으로 성장 할 수 있는 길을 만들었다 (청년 정치인 o 씨) (여명 2018)[54]

그렇다면 앞서 살펴본 태극지 집회에 참석했던 청년층이 박정희를 지지하는 이유를 확인해 보자.

존경하는 애국 국민 여러분 우리나라가 이렇게 잘 살게 된 것이 누구 때문입니까.....중략...... 우리 어르신들이 피와 땀을 흘리며 배고픔을 이기며 박정희 대통령님과 함께 건국한 우리 박정희 대통령 때문 아니겠습니까. 박정희 대통령 각하님 고맙습니다[55]

재벌중심체제의 헤게모니적 지위

박정희 시대 지배 연합의 중요한 파트너는 재벌이었다. 당시의 재벌은 현재의 재벌과 비교할 수 없을 정도로 초보적인 수준의 기업집단이었다. 하지만 박정희 정권이 군정 시절 초기에 추진했던 내포적 공업화를 포기하고 대외지향적 수출주도형 경제성장 전략을 채택하고 수출 지상주의를 내세운 후 재벌은 지배연합의 중요한 축이 되었다.

박정희 정권의 재벌중심의 수출주도 경제성장전략은 강권력에 기반을 둔 위로부터의 권위주의적 동원에 기반을 두고 있었다. 하지만 (일부) 국민들의 암묵적인 동의 또는 적극적인 지지와 없이는 성공할 수 없었다. 박정희식 재벌중심의 경제성장 전략은 일정한 성과를 만들어 냈으며 1960년대까지는 광범위한 도전에 직면하지 않았다. 1960년대 말 박정희 정권의 경제정책이 부실기업의 증가와 외채의 누적으로 위기에 봉착했다. 이러한 배경속에서 시민사회를 중심으로 박정희 경제 체제에 대한 대항담론으로서 민족경제론(民族經濟論)이 제기되었다. 민족 경제론은 제7대 대선에서 신민당 후보로서 박정희에 도전했던 김대중의 대중경제론의 기초가 되었다.

김대중이 제시한 대중경제론은 박정희식 경제발전 모델에 대한 비판으로서 한국적 혼합경제 체제를 지향했다. 대중경제론은 박정희 정권의 재벌중심의 대외지향적 수출주도 경제정책과는 달리 민족적 중소기업의 육성을 통해서 수입대체 산업화를 추구했다. 또한 노동 배제를 특징으로 하는 박정희 산업정책과는 달리 노동자 경영참여를 주장하기까지 했다. 제7대 대선에서 김대중에 의해서 제시된 대중 경제론이 박정희 경제 모델에 가능한 대안

거대한 뿌리: 박정희 노스탤지어

[그림 5-3] 제7대 대통령 선거에 출마한 신민당 김대중 후보가 1971년 4월8일 서울 장충단공원에서 연설하고 있다.

출처: 경향신문 자료사진.

이 될 수 있었을지도 모른다. 하지만 71년 대선에서 권력을 총 동원했던 박정희에 김대중이 근소한 차로 패배하였고 이 기회는 역사적으로 사라졌다. 박정희 정부가 집권했던 18년 동안은 한국형 발전 모델이라고 할 수 있는 수출 주도형 성장 모형이 뿌리를 내리고 두드러진 성공을 거둔 시기였다. 대안적인 발전 모델을 체험하지 못하고 박정희의 동원 전략을 수용했던 대다수 국민은 이 시기를 거치면서 경제성장우선주의의 가치를 내면화하게 되었다 (강우진 2019)[56].

쿠데타를 통해서 박정희 정권을 계승한 전두환 정권 시기에도 재벌은 지속적으로 성장했다. 박정권 말기 중화학 공업의 정책 실패를 경험한 후 전두환 정권의 기조는 안정화와 구조조정이었다. 하지만 기본적으로 재벌의 영향력이 강화되었다. 더구나 때마침 불어온 3저(저유가, 저금리, 저환율) 호황으로 인해서 한국 경제에서 재벌의 영향력을 한층 강화되었다.

한국이 재벌 중심의 기존 성장 모델에서 변화를 모색할 수 있는 역사적인 계기는 역설적으로 1997년 외환위기였다. 전례없는 IMF 경제위기, 집권당의 분열, DJP 연합이라는 다시 반복되기 어려운 조건의 결합으로 김대중은 대세론을 구가하던 이회창에게 39만여 표차(1.6%)로 신승했다. 위에서 살펴본 대로 1971년 제7대 대선에서 박정희와 경쟁하던 김대중의 경제철학은 대중경제론이었다. 국민의 정부는 민주주의와 시장경제의 병행 발전이라는 국정철학을 제시했다.

하지만 국민의 정부에서도 한국 경제성장 모델의 전환이 이루어지지 않았다. 경제위기 극복과정에서 부실계열사 정리를 돕기 위해서 출자총액제한제도는 폐지되었다. 김대중 정부의 재벌 개혁은 워크아웃이라는 이름으로 진행되었던 재벌 기업의 부실 계열사 구조조정에 집중되었다.

국민의 정부를 계승한 노무현 후보는 2002년 대통령선거 국면에서 성장과 분배, 자본과 노동, 가진 자와 못 가진 자의 균형을 경제정책의 방향으로 제시하였다(한겨례 2016/04/16). 하지만, 근본적인 경제정책 전환보다는 재벌기업의 지배구조 개선에 집중했다. 출자총액제한 제도를 유지하고 지주회사를 활용하여 지배구조 개선을 시도했다. 하지만 이러한 조치 조차도 재벌 후계자들의 지배권 강화로 이어졌다. 노무현 대통령은 2005년 5월 16일 4대 재벌 총수를 비롯한 대기업과 중소기업 대표들이 참석한 가운데 열린 '상생협력 대책회의'에서 "이미 권력은 시장으로 넘어간 것 같다"며 "우리 사회를 움직이는 힘의 원천이 시장에서 비롯되고 있다"고 토로했다(한겨레 2005/05/16). 비록 대기업의 역할을 강조하는 배경에서 나온 말이라고 하지만 재벌 개혁에 대한 참여정부의 태도를 읽을 수 있는 대목이다.

경제정책의 전환을 본격적으로 천명한 최초의 정부는 민주정부 3기를 자임하는 문재인 정부다. 그 동안의 한국 경제 성장 모델은 박정희 정권 시기에 원형이 만들어 지고 지속적으로 강화되어왔다. 한국 경제 성장 모델은 경제 성장의 동력을 대기업의 수출과 투자에 의존하는 불균형 발전 모델이었다. 이 모델은 추격모델로서 압축적 성장을 이루는 데는 기여했다. 하지만 민주화와 경제위기를 겪으면서 이 모델의 한계는 명확했다. 국민소득에서 가계와 기업 사이의 불균형의 확대, 대기업과 기업 사이의 소득 불균등의 확대, 노동 시장에서 임금 격차의 확대를 심화시켰다. 이러한 배경에서 문재인 정부는 이전 민주정부와는 달리 가계 소득을 늘려 내수기반을 확대하고 사회안전망과 복지 강화를 통해서 사람에 대한 투자를 늘리는 새로운 경제정책 패러다임을 제시했다. 이 패러다임의 핵심 요소가 소득주도 성장이었던 것이다(홍장표 2019)[57]. 구체적으로 임기 내 최저임금 1만원 공약 실현을 위해서 집권 전반부에 최저임금 상승을 위해서 노력했다.

문재인 대통령은 집권 초기인 2018년 11월 26일 앙겔 구혜라 OECD 사무총장을 접견할 자리에서 "GDP(국내총생산)나 경제성장률보다 삶의 질의 지표가 더 중요한 것이라는 공감대가 세계적으로 확대되는 계기가 되기를 바란다"고 당부했다(연합 2018/11/26). 문재인 정부가 그동안의 한국 경제의 불균등 성장 모델의 한계에 대해서 인식하고 새로운 시도를 한 것은 평가할 만하다. 대공황과 제2차 세계대전을 거치면서 미국과 영국의 경험을 기반으로 기초가 마련된 GDP는 UN의 국민계정체계(System of National Account)에 의해서 한나라의 경제발전을 측정하는 계량화된 핵심지표로 자리 잡았다. 하지만 이 지표는 총량적 의미의 성장이 한 사회의 발전에 중요하던 시기의 지표다. 더 많은 성장이 경제적 불평등을 완화하지 못하고 오히려 경제적 불평등을 심화시키는 이 시대에 이 지표가 더 이상 유효한 지표가 될 수 없음은 당연하다. 더구나 지구적으로 가장 핵심적인 이슈로 부상한 기후위기와 감염병으로 대표되는 재난 자본주의 시대 도래는 과거의 지표가 더 이상 삶의 핵심적인 문제를 담아내지 못하고 있다는 것을 잘 나타낸다.[58]

문재인 정부는 양적 성장에 집중하는 박정희 모델의 대안적 모델에 대한 문제제기를 하였다. 하지만 그동안의 재벌 중심의 불균등 성장 모델을 극복하고 어떠한 대안적 모델로 전환할 것인지, 또한 어떠한 전략을 통해서 이러한 전환을 이루어 낼 것인지에

거대한 뿌리: 박정희 노스탤지어

대한 구체적인 실행계획을 제시하는 데 성공하지 못했다.

이 결과는 재벌 중심의 경제성장 전략을 취했던 박정희 모델의 헤게모니적 지위의 유지다. 문재인 정부 말기(2021/12)에 실시된 20-30대 청년층을 대상으로 한 여론조사(경북대 민주주의 연구팀)에 따르면 응답자의 절반에 해당하는 49.10%(사례수 1000명)가 '지속적인 경제성장을 위해서는 재벌이 더 큰 역할을 해야 한다'는 문항에 동의했다. 동의 20대가 48.97%, 30대가 49.25%로 차이가 없었다.

재벌의 역할에 대해서 긍정적인 인식을 하는 사람들은 박정희 노스탤지어를 가질 확률이 높았다. 이 조사에서 '역대 정부중에서 경제발전에 가장 기여한 정부'를 묻는 질문에 응답자의 3분의 1이 넘는 37%(373명)가 박정희 정부를 꼽아 1위를 차지했다. 위에서 살펴본 한국인의 정체성 조사와 같은 맥락이었다. 2위는 김대중 정부(18.10%), 3위는 노무현 정부(17.10%)였으나 박정희 정부에 대한 지지의 절반 수준에 그쳤다. 재벌의 역할이 계속 필요하다고 인식한 응답자 중에서 박정희 정부가 경제발전에 기여했다고 평가한 비율은 44.81%로 상승했다.

한국 사회에서 재벌의 지위는 신성불가침의 영역이다. 한국을 대표하는 글로벌 기업 삼성의 역사는 다른 주요 재벌들과 마찬가지로 재벌 오너 일가의 불법과 실형 그리고 사면의 사이클의 반복의 역사였다. 하지만 불법을 반복해온 재벌 오너에게 절대반지는 권력과의 유착 그리고 경제살리기를 위해서는 재벌 오너의 역할이 절대적으로 중요하다는 현상 유지 담론의 헤게모니적 지위다. 민주화 이후 이건희 회장이 노태우 비자금 사건으로 유죄를 선고받을때도, 에버랜드 전환사채 인수를 통한 경영권 불법 승계 관련 유죄를 선고 받을때도, 그의 아들 이재용 삼성전자 부회장이 국정농단 사태의 주역으로 경영권 불법 승계 관련하여 구속되 유죄판결을 받을때도 어김없이 등장하는 담론은 총수 부재가 삼성의 위기로 이어지고 결국 한국 경제에 먹구름이 드리울 것이라는 주장이다.

박근혜·최순실 게이트 수사를 받던 삼성전자 이재용 부회장이 경영권 승계 청탁을 위한 뇌물 공여 혐의로 2017년 2월 17일 구속되었다. 당시 언론에서는 삼성 총수 일가 주식 자산 증발, 삼성 올스톱 상태, 경영 시스템 붕괴 위기감등의 기사를 쏟아냈다(한국일보 2021/01/30). 이와 같은 현상유지 담론은 보수의 지배 전략 중의 하나로서 허쉬만의 날카롭게 포착했던 역효과 명제(perversity hypothesis)를 떠올리게 한다.

문제는 많은 시민들 사이에 여전히 뿌리내리고 있는 친재벌 망탈리테다. 국정농단 사태의 주역이자 불법승계 혐의로 기소된 이재용 삼성전자 부회장의 구속에 대해서 10명중 6명이 반대했다. 반대여론은 58.7%로 찬성 여론(28.7%)의 두 배가 넘었다(스트레이트 뉴스 2020/06/24). 이재용 부회장은 1심(2017/8/25) 징역 5년을 선고받았지만 2심에서는 징역 2년 6월 집행유예를 선고받고 석방되었다. 하지만 파기환송심에서 징역 2년 6개월을 선고 받아 구속되었다. 이후 구속 207일만에 2021년 8월 13일 가석방으로 석방되었다. 제20대 대선(2022/3/9)에서 집권한 윤석열 정부의 첫 번째 사면이었던 광복절 사면을 둘러싸고 이재용 삼성전자 부회장에 대한 사면 여부가 초미의 관심사가 되었다. 사면을 앞두고 실시된 여론조사에서 국민 4명중 3명(77%)은 이재용 부회장의 사면에 찬성했다. 흥미로운 것은 이명박 전 대통령에 대한 사면은 절반이 넘는 56%가 반대했다는 것이다(엠브레인퍼블릭·케이스탯리서치·코리아리서치·한국리서치가 만 18세 이상 남녀 1006명을 대상으로 진행한 전국지표조사(NBS), 조선일보 2022/07/28).

재벌의 헤게모니적 지위는 박정희 노스탤지어의 미래를 결정할 청년층에게서도 잘 확인된다. 보수의 정치적 고향인 대구 청년층을 대상으로 한 인터뷰를 통해서 확인해 보자.[59]

먼저, 박정희 정권이 역점을 두었던 수출중심의 경제성장 모형에 대해서 박정희 체제를 경험하지 못한 청년층이 적극적으로 수용한다.

> 우리는 다 해결할 수 있는 것이 아니고 우리는 중간재적인 역할을 하기 때문에 수출은 필수적이라고 밖에 할 수 없고, 물론 수출이 중간재적 역할을 하기 위해서는 대기업 같은 굴지의 기업들이 기반이 되어야지 더 리드할 수 있다고 생각하고(30대 초반 김씨).

더구나 앞서 살펴본 바와 같이 대기업·재벌 중심 체제의 역할에 대해서 청년층이 적극적으로 수용하고 지지하는 경향이 컸다.

방식이 좋았다 나빴다는 결과로 말해야한다고 생각하기 때문에, 이 방식의 도입으로 인해서 대기업을 집중적으로 키워주고, 각종 면세혜택 그리고 국가적인 여러 지원, 특정 산업을 하는 기업에 대해서 몇 몇 기업을 뽑아서 집중적으로 지원해주지 않았습니까? 그걸로 크게 포항제철이나 한화그룹, 삼성, 현대도 다 마찬가지지만 그 자본을 덩치를 키워나가는 방향으로 발전을 시키고, 그걸로 인해서 모인 자본으로 결국에는 국민들의 삶의 질을 개선하는 그런 방향으로 정책을 펼쳤는데 그로 인해서 확실히 우리나라가 눈에 띄는 성장을 했고...(30대 초반 정씨)

그 때부터 중소기업을 키울 수 없었던 환경이고, 그렇기 때문에 그 시대에 맞춰 가지고는 하고, 지금도 대기업 위주로 돌아가고 있는 거 보면, 우리나라에 가장 적합하게 이뤄진 것이 아닌가(30대 초반 최씨)

그 당시에는 산업 자체가 아예 기반이 없기 때문에 어떤 산업을 하나 키우기 위해서는 한 기업이나 의지가 있는 특출한 기업들 중 하나를 찍어서 할 수 밖에 없는 그런 문

거대한 뿌리: 박정희 노스탤지어

제가 있다고 저는 생각해요(김씨).

　박정희 노스탤지어는 한국 사회에 깊게 뿌리내린 총량적 의미의 경제성장우선주의를 매개로 재생산된다. 경제발전을 총량적 의미의 경제성장과 동일시 할수록, 총량적 의미의 경제성장이 삶의 질과 지속가능한 발전등 다른 가치를 압도할수록 박정희(식) 경제발전 모델에 대한 노스탤지어가 지속될 것이다. 특히, 경제성장우선주의가 지속한다면 경기침체가 발생할 때마다 고도성장을 가져온 한국형 경제성장 모델의 건축가로서 박정희에 대한 정치적 호명(political interpellation)이 반복될 것이다.

주석

01   아리스텔레스 『시학』(고려대학교 출판부, 2009, 손명현 옮김) 54쪽.
02   거대한 뿌리

나는 아직도 앉는 법을 모른다
어쩌다 셋이서 술을 마신다 둘은 한 발을 무릎 위에 얹고
도사리지 않는다 나는 어느새 남쪽식으로
도사리고 앉았다 그럴 때는 이 둘은 반드시
이북 친구들이기 때문에 나는 나의 앉음새를 고친다
8·15 후에 김병욱이란 시인은 두 발을 뒤로 꼬고
언제나 일본 여자처럼 앉아서 변론을 일삼았지만
그는 일본 대학에 다니면서 4년 동안을 제철회사에서
노동을 한 강자(強者)다

나는 이자벨 버스 비숍 여사와 연애하고 있다 그녀는
1893년에 조선을 처음 방문한 영국 왕립지학협회 회원이다
그녀는 인경전의 종소리가 울리면 장안의
남자들이 모조리 사라지고 갑자기 부녀자의 세계로
화하는 극적인 서울을 보았다 이 아름다운 시간에는
남자로서 거리를 무당통행할 수 있는 것은 교군꾼,
내시, 외국인 종놈, 관리들뿐이었다 그리고
심야에는 여자는 사라지고 남자가 다시 오입을 하러
활보하고 나선다고 이런 기이한 관습을 가진 나라를
세계 다른 곳에서는 본 일이 없다고
천하를 호령한 민비는 한번도 장안 외출을 하지 못했다고……

전통은 아무리 더러운 전통이라도 좋다 나는 광화문
네거리에서 시구문의 진창을 연상하고 인환(寅煥)네
처갓집 옆의 지금은 매립한 개울에서 아낙네들이
양잿물 솥에 불을 지피며 빨래하던 시절을 생각하고

이 우울한 시대를 파라다이스처럼 생각한다
버드 비숍 여사를 안 뒤부터는 썩어빠진 대한민국이
괴롭지 않다 오히려 황송하다 역사는 아무리
더러운 역사라도 좋다
진창은 아무리 더러운 진창이라도 좋다
나에게 놋주발보다도 더 쨍쨍 울리는 추억이
있는 한 인간은 영원하고 사랑도 그렇다

비숍 여사와 연애를 하고 있는 동안에는 진보주의자와
사회주의자는 네에미 씹이다 통일도 중립도 개좆이다
은밀도 심오도 학구도 체면도 인습도 치안국
으로 가라 동양척식회사, 일본영사관, 대한민국 관리,
아이스크림은 미국놈 좆대강이나 빨아라 그러나
요강, 망건, 장죽, 종묘상, 장전, 구리개 약방, 신전,
피혁점, 곰보, 애꾸, 애 못 낳는 여자, 무식쟁이,
이 모든 반동이 좋다
이 땅에 발을 붙이기 위해서는
—제3인도교의 물속에 박은 철근 기둥도 내가 이 땅에
박는 거대한 뿌리에 비하면 좀벌레의 솜털
내가 내 땅에 박는 거대한 뿌리에 비하면

괴기영화의 맘모스를 연상시키는
까치도 까마귀도 웅접을 못하는 시꺼먼 가지를 가진
나도 감히 상상을 못하는 거대한 뿌리에 비하면……
　　　　　　-『김수영 전집 1-시』 김수영저, 이영준 편 (민음사 2018)

03　세계일보 〈손병두 "차라리 유신시대가 좋았다고…"〉 2013/10/27.

04　C.E. 메리암 저 / 신복룡 역 2008. 『정치권력론』 선인.

05　스위스의 언어학자 페르디낭 드 소쉬르Ferdinand de Saussure 는 언어를 기표(記表, 프랑스어: signifiant 시니피앙[*])와 기의(記意, 프랑스어: signifié 시니피에[*])은 페르디낭 드 소쉬르에 의해 정의된 언어학 용어이다. 기표와 기의를 하나로 묶어 기호(記號, 프랑스어: signe 사인[*])라고 한다.

06　5대 대통령 취임사

https://www.pa.go.kr/research/contents/speech/index.jsp?spMode=view&artid=130 5368&catid=c_pa02062

07 궁정동 안가에서 총성이 울리던 당일의 상황에 대해서는 동아일보 기자였던 김충식이 지면에 연재한 내용을 묶어 1992년 출간하면서 화제를 모았던 『남산의 부장들 1·2』뿐만이 아니라 중앙일보(2011/10/24), 미디어오늘(2012/11/24), KBS 역사저널 그 날(2021/01/18) 등 다양한 언론보도를 통해 확인할 수 있다.

08 강우진 2019. 『박정희 노스탤지어와 한국 민주주의』 고려대학교 아세아문제 연구원.

09 강우진 앞의 책.

10 강준만. 2002. "박정희 신드롬과 공정영역의 소멸". 『인물과 사상』 (12월호). 서울: 인물과사상사.

11 진중권. 2003. "죽은 독재자의 사회." 이병천 외 편. 『개발독재와 박정희 시대』 서울: 창비.

12 한민. 2008. "문화심리학적 관점에서 본 박정희 신드롬의 무속적 의미." 『한국무속학』 제16집, 391-415.

13 박노승. 2005. "박정희 신드롬, 무엇이 문제인가." 『기억과 전망』 제13권, 105-121.

14 1. ancient MYTHS is general: the ancient Myths of a particular culture, society, etc. 2. ideas of facts that many people think are true but that do not exist or are false:

15 롤랑 바르트. 이화여대 기호학연구소 엮음. 2002. 『현대의 신화』 동문선.

16 임지현. 2000. 『우리 안의 파시즘』 서울: 삼인.

17 임지현. 2004. "대중독재의 지형도 그리기." 임지현·김용우 편. 『대중독재 1: 강제와 동의 사이에서』 서울: 책세상.

18 홍윤기. 2003. "민주화 시대의 박정희." 이병천 외 편. 『개발 독재와 박정희 시대』 서울: 창비.

19 홍윤기 앞의 책.

20 강준만. 1999. "박정희 신드롬을 해부한다". 『인물과 사상』 (2월호). 서울: 인물과사상사.

21 동아시아 연구원에서 2005과 2010년, 2015년, 2020년 같은 문항으로 한국인의 정체성이라는 주제의 여론조사를 실시하였다.
    대표적인 평가기관인 이코노미스트 부설 이코노미스티 인텔리전스 유닛(Economist Intelligence Unit) 2022 보고서에 따르면 전 세계 민주주의 후퇴 흐름속에서도 문재인 정부 5년차인 2021년 한국 민주주의는 2년 연속 완전한 민주주의(full democracy)로 평가되었다. 특히 전체 16위로서 전년도와 비교하면 7단계 상승했다(https://www.economist.com/graphic-detail/2022/02/09/a-new-low-for-global-democracy).

22 강원택. 2013, "유권자의 이념성향과 후보 선택,"한국정당학회 춘계학술회의〈한국 정당정치 신뢰의 위기와 성찰, 그리고 진화〉(서울, 3월 29일)

23 좀 더 자세한 설명은 강우진(2019) 제4장을 참고하라.

24 임혁백. 2014.『비동시성의 동시성-한국 근대정치의 다중적 시간』. 서울: 고려대학 교 출판부.

25 노컷뉴스, 2005 "5·18 사망자 606명"…통계자료 발표. (05/13).

26 이탈리아의 사상가인 안토니오 그람시가 만든 표현은 아니지만, 진지전을 설명하면 서 이탈리아의 사상가 안토니오 그람시는 그의 저서 '옥중수고'에서 이렇게 말한다.

"헤게모니는 비강제적인 권력이지만, 그럼에도 불구하고 권력이다. 집단을 가장 효 과적으로 보호하는 기구인 것이다."

지금 생각해도 헤게모니라는 개념은 참 절묘하면서도 정확하다. 외래어 사용 자제 를 주장하는 쪽에서는 헤게모니를 '주도권'으로 고쳐 부를 것을 요구한다지만 왠지 부족하다.

헤게모니라는 말을 그람시가 처음 만든 것은 아니다. 이 단어는 원래 권위나 지배를 뜻하는 그리스어 '헤게모니아(Hegemonia)'가 어원이다. 이것을 20세기 초 러시아 혁 명가들이 쓰기 시작했고, 그람시가 이 단어를 가지고 진지전 이론을 설명하면서 대 중화됐다.

27 Loxton, James. 2015. "Authoritarian Successor Parties." Journal of Democracy 26(3): 157-170.

Loxton, James and Mainwaring, Scott. eds. 2018. *Life after Dictatorship: Authoritarian Successor Parties Worldwide*. Cambridge University Press.

28 노무현 정권의 잘한 일/잘못한 일에 대한 한 조사에 따르면 응답자의 29.9%가 노무 현 정권이 잘한 일이 없거나 모른다고 답했다. 반면에 가장 잘못한 일로서는 절반이 부동산 가격폭등(31.9%) 또는 사회 양극화 심화(20.1%)를 들었다(한겨레 2008/01/01).

29 노무현사료관. "제58주년 광복절 경축사: 대통령 연설문." http://archives.knowhow.or.kr/record/all/view/86645(검색일: 2021/10/13).

30 김대중 대통령은 1997년 대선을 앞두고 '신광개토시대'를 열겠다고 선언했다. 또한 집권 후 김대중 정부의 최우선 과제는 경제위기 극복이었다. 노무현 정부는 국민소 득 2만불을 사실상 국정 캐치프레이즈로 제시했다. 노무현 대통령에 따르면 "국민 소득 2만달러시대를 열기 위해선 국가와 사회를 개조하지 않으면 안된다"면서 "특히

우리의 사고와 행동양식이 모두 바뀌어야 한다"고 강조했다(한겨레 2003/07/03).

31 대한민국 정당사 제3집. 1992. (중앙선거관리위원회), 910.

32 대한민국 선거사 제4집. 2009(중앙선거관리위원회), 517.

33 대한민국 선거사 제4집. 2009(중앙선거관리위원회), 352.

34 대한민국 선거사 제6집. 2009(중앙선거관리위원회), 218.

35 Kang, W. 2018. "The Past is Long-Lasting: Park Chung Hee Nostalgia and Voter Choice in the 2012 Korean Presidential Election." Journal of Asian and African Studies, 53(2), 233-249.

36 김진호, 2017, "'태극기집회'와 개신교 우파.", 『황해문화』 통권제 95호, 76-93.

37 장우영. 2018. "정치참여와 사회통합 : 태극기집회 참가자조사에 의거해서." 『선거연구』 제1권 9호, 357-382.

38 전상진. 2018. 『세대게임』 문학과 지성사.

39 박현선. 201. "태극기집회의 대중심리와 텅빈 신화들." 『문화과학』 91권, 106-133.

40 양웅석, 황선영, 강성식, 강원택. 2018. "태극기 집회, 박정희와 한국 보수주의." 한국과 국제정치, 제34권 3호, 28에서 재인용.

41 동아일보(2022/03/24, 명민준); 머니투데이 (2022/03/24, 김도균).

42 한겨레(2022/02/24).

43 오마이뉴스(2022/04/12, 조정훈).
참여정부의 경제정책에 대한 일부 언론의 분석에 따르면 참여정부의 국정 기조 확립에 삼성과 삼성경제연구소의 인맥과 보고서가 중요한 역할을 했다고 한다(시사IN 2007/11/26; 한겨레 2007/11/18).

44 아리스토텔레스는 인간은 본성적으로 폴리스를 형성하며 살아가기에 적합한 동물이라고 주장했다.
아리스토텔레스, 김재홍 역 『정치학』 제2장 도서출판 길. 2017. 33쪽.

45 아리스토텔레스 저/박문재 역, 2020. 『수사학』 현대지성.

46 박종민·이세영 2021. "〈대한뉴스〉와 KTV의 70년 분석을 통해 본 역대 대통령과 영부인의 인상관리와 리더십."『방송통신연구』제113권, 9-52.

47 강우진 앞의 책.

48 백낙청. 2005. "박정희 시대를 어떻게 생각할까." 『창작과비평』, 제33권 2호, 287-297.

49 윤상우. 2009. "외환위기 이후 한국의 발전주의적 신자유주의화-국가의 성격변화와 정책대응을 중심으로." 『경제와 사회』 제 83호, 40-68.

50 https://ko.wikisource.org/wiki/%EC%A0%9C19%EC%A3%BC%EB%85%84_%E

A%B4%91%EB%B3%B5%EC%A0%88_%EA%B2%BD%EC%B6%95%EC%82%
AC

51 오원철, 2006.『박정희는 어떻게 경제강국 만들었나』동화문화사; 강우진 앞의 책.

52 강우진. 2013. "제18대 대선과 경제투표- 경제성장에 대한 정책선호의 일치의 영향력을 중심으로." 『한국정치학회보』제47권 5호, 213-233.

53 우상원. 2018. "나는 박정희에게 감사한다. 『박정희 정신』제7호.

54 여명, 2018 "노동자들을 중산층으로 만든 박정희" 『박정희 정신』제7호.

55 최경탄. 2017. 02. 18. "전라도 청년의 고백-박근혜 대통령을 지킵시다. 박원."·제13차 탄기국 주최 애국 태극기 집회에서 청년 박원씨의 연설. https://www.youtube.com/ watch?v=keb-4CPemHY-(검색일: 2018/10/11) (강우진 2019).

56 강우진 앞의 책.

57 홍장표. 2019. "소득주도성장 2년- 평가와 과제." 『시민과 세계』제34호 291-307.

58 관련하여 많은 논의가 이미 존재한다. 최근 논의는 "GDP를 넘어서: 불안정성과 불확실성의 시대, 진정한 가치를 찾아서" 이승주, 최영준, 이원재, 고동현, 2020. LAB 2050,을 참고하라.

59 박인술, 2020. 청년박정희 지지자 연구, 미출간 원고.

경북대학교 인문교양총서